rowohlts monographien
begründet von Kurt Kusenberg
herausgegeben
von Wolfgang Müller

André Breton

mit Selbstzeugnissen
und Bilddokumenten
dargestellt von
Volker Zotz

Rowohlt

Dieser Band wurde eigens für «rowohlts monographien» geschrieben
Den Anhang besorgte der Autor
Herausgeber: Wolfgang Müller
Redaktion: Uwe Naumann
Redaktionsassistenz: Katrin Finkemeier
Umschlagentwurf: Werner Rebhuhn
Vorderseite: Um 1948 (Foto: Izis)
Rückseite: Titelblatt der Zeitschrift «La Révolution Surréaliste»
(Sammlung des Autors)

Veröffentlicht im Rowohlt Taschenbuch Verlag GmbH,
Reinbek bei Hamburg, April 1990
Copyright © 1990 by Rowohlt Taschenbuch Verlag GmbH,
Reinbek bei Hamburg
Alle Rechte an dieser Ausgabe vorbehalten
Satz Times (Linotronic 500)
Gesamtherstellung Clausen & Bosse, Leck
Printed in Germany
1080-ISBN 3 499 50374 3

Inhalt

Um 1928

Zur Einführung

André Breton war Dichter, Kunsttheoretiker, politischer Denker und Aktivist, Philosoph, Organisator der Pariser Avantgarde. Die Reihenfolge dieser Etiketten ist beliebig, keines von ihnen paßt ganz genau. Der Kunstwissenschaft gilt er als Theoretiker einer der zahlreichen Richtungen der Moderne, der Literaturgeschichtsschreibung als Initiator des sogenannten automatischen Textes. Sein Einfluß auf das politische Bewußtsein von Künstlern und Literaten im Paris der Zwischenkriegszeit ist offensichtlich. Die von ihm organisierten Veranstaltungen, seine Zeitschriften und Ausstellungen dienten vielen als Forum, deren Namen heute zum Kulturkanon Frankreichs und der Welt gehören. Bei Breton lassen sich die unterschiedlichen Aspekte seines Werkes nicht voneinander trennen: Sein gesamtes Schaffen ist Ausdruck eines Erkenntniswegs und einer daraus gewonnenen Weltsicht, seines *Surrealismus*. Eine Quelle dieser Weltsicht entsprang Bretons poetischer Erfahrung. Nicht zuletzt deshalb sollte sich der Surrealismus als äußerst fruchtbar für Dichtung und bildende Kunst erweisen. Doch versteht sich der Surrealismus nicht primär als Kunstrichtung. Bretons Welt- und Menschenbild hat sich zwar auch durch Kunstwerke ausgedrückt, wäre jedoch am ehesten in der Philosophie anzusiedeln, auch wenn Breton kein systematischer Philosoph im klassischen Sinn ist.

Unterschiedliche Gründe sind dafür verantwortlich, daß seine Philosophie – vielleicht sagt man besser Botschaft – trotz ihrer reichen kulturellen Wirkungen nur wenig als eigenständiges Gebäude gewürdigt wurde. Dafür gibt es äußerliche Ursachen: In der Kulturgeschichtsschreibung hat sich die Tendenz durchgesetzt, Breton fast ausschließlich im Zusammenhang mit der von ihm geführten Surrealistengruppe der zwanziger und dreißiger Jahre zu betrachten, als dieser Persönlichkeiten wie Max Ernst, Salvador Dalí, Jacques Prévert, Yves Tanguy, Antonin Artaud, Luis Buñuel oder René Magritte angehörten. Diese Verengung des zeitlichen Blickwinkels erschwert in der Regel den Zugang zur Gedankenwelt Bretons. Die hohe Zeit der Gruppe wurde von öffentlichen Skandalen und persönlichen Auseinandersetzungen begleitet, in denen sich zwar auch Inhaltliches spiegelt, doch allzu leicht bleibt man im Anekdotischen stecken. Der Surrealismus erscheint dann als zeitbedingte Protestbewegung und als jugendliche Durchgangsphase später namhafter Künstler. Bretons starke persönliche Anziehungskraft und die leidenschaftlichen Beziehungen in der Gruppe führten nach Trennungen häufig zu einer Abwehrhaltung gegenüber Breton und zu einer Relativierung oder Leugnung seines Einflusses, was vielfach unkritisch als Tatsache gewertet wurde. Es kann hier nicht darum gehen, die tatsächliche Bedeutung Bretons für das Leben, Denken und Schaffen jener Meister der Moderne aufzuzeigen, die mit ihm in engere Berührung kamen. Es soll sein Lebens- und Denkweg dargestellt werden, der ungeachtet allen Kommens und Gehens in der Surrealistengruppe Eigenständigkeit und Konsequenz aufweist.

Wesentliche Gründe dieser weitgehenden Verkennung seines Denkweges liegen in den Inhalten selbst. Als Bretons zentrales Anliegen kristallisierte sich ein Streben heraus, den Menschen wieder in eine umfassende Ganzheit einzufügen. Der Mensch erschien ihm weniger als aus sich selbst heraus existierende Größe; er sah ihn als bedingt entstandenes Wesen, dessen Grenzen zur Natur in jeder Beziehung und im weitesten Sinne fließend sind. Verengt, von der Ganzheit zurückgezogen, hat sich das Subjekt unter die einseitige Herrschaft der Logik begeben, die Stimme der Natur in sich abgetötet, sein ursprüngliches Denken verloren, Imagination und Phantasie verbannt. Breton stieß auf Schwierigkeiten, diese Idee in ihrer ganzen Tragweite in den Zusammenhang der etablierten abendländischen Tradition zu stellen, die ihm geradezu Ausdruck der zunehmenden Ganzheitsentfremdung des Menschen war. Bezeichnenderweise hat Octavio Paz 1954 in seinem bedeutenden Surrealismus-Vortrag an der Universidad Nacional de México darauf hingewiesen, daß die surrealistische «Objektivierung des Subjekts» eine bedeutende außereuropäische Parallele kennt: «Mit einem Abstand von mehr als zweitausend Jahren entdeckt die abendländische Poesie etwas, das die zentrale Lehre des Buddhismus ausmacht: das Ich ist eine Täuschung, ein Schwarm von Empfindungen, Gedanken und Begierden.»[1]* Tatsächlich findet Bretons Surrealismus seine klarsten Entsprechungen in der buddhistischen Philosophie und Praxis. Sein Verneinen der Substanz des Subjekts ist nichts typisch Europäisches. Wie etwas Fremdes taucht der Surrealismus plötzlich und scheinbar ganz unvermittelt in der abendländischen Geistesgeschichte auf. Breton gesteht, daß die Linie seiner Tradition keine gerade, eindeutige sein kann. *Aber wenn meine eigene Linie, eine stark gewundene, gebe ich zu: wenn meine Linie wenigstens über Heraklit führt, über Abélard, Eckhart, Retz, Rousseau, Swift, Sade, Lewis, Arnim, Lautréamont, Engels, Jarry und einige andere? Ich habe mir mit ihrer Hilfe eine Art Koordinatensystem zum eigenen Gebrauch gemacht, ein System, das meiner persönlichen Erfahrung standhält und das folglich für mich einige der Möglichkeiten von morgen zu bergen scheint.[2]*

* Die hochgestellten Ziffern verweisen auf die Anmerkungen S. 140 f.

Die geistige Ahnenreihe, die Breton hier nennt, mag auf den ersten Blick den Verdacht auf Eklektizismus erregen und wenig Originalität versprechen. Doch eine genauere Untersuchung wird keinesfalls ein zusammengestückeltes Weltbild zeigen. Die Denker, in deren gewundener Linie sich Breton sieht, liefern ihm weniger Mosaiksteine, aus denen er ein festgefügtes geistiges Gebäude errichtet, vielmehr werden sie ihm zu austauschbaren Punkten eines Koordinatensystems, innerhalb dessen er seine eigenen Erfahrungen zu objektivieren sucht. In welchem Zusammenhang die von Breton gewählten Elemente im Denken seiner Vorläufer standen, läßt er weitgehend unbeachtet, indem er recht eigenwilligen Gebrauch von ihnen macht. Dies ist ein weiterer Aspekt, der den Zugang zu seinem Denken erschwert.

In bestimmten Phasen seines Schaffens beruft Breton sich leidenschaftlich auf den dialektischen und historischen Materialismus von Karl Marx und Friedrich Engels; immer wieder bezieht er sich auf Sigmund Freud. In der Tat stellen Marxismus und Psychoanalyse auf jeweils ihrem Gebiet den landläufigen Substanzbegriff in Frage, indem sie ein Entstehen in Abhängigkeit erkennen. Der historische Materialismus erklärt die Kultur als Überbauphänomen einer ökonomischen Basis. Geschichte, Religion und Kunst haben nicht länger als Träger von an sich existierenden Werten Bestand, wenn man ihre materiellen Bedingungen aufzeigt und die Gesetze der Wandlung, denen sie unterliegen. Die Konsequenz aus Sigmund Freuds Lehre rührt an die Substanz des Individuums: Was sich selbstbewußt als Ich erlebt, erscheint in der Psychoanalyse als dynamischer Prozeß. Nicht in einer religiösen, sondern einer ganz materiellen Dimension geht der Mensch über das, was er sich selbst ist, weit hinaus. Die Persönlichkeit wird auch von unbewußten Instanzen geformt und beherrscht. Sie kann sich auf das, was ihr freier Wille und klares Motiv bedeutete, nicht mehr verlassen.

Breton findet hier Ansatzpunkte für sein *Koordinatensystem*. Freud und Marx haben wichtige, vormals verschlossene Türen aufgestoßen. Bei Breton werden sie zu Symbolen der damit eröffneten Möglichkeiten, zu Koordinaten. So zieht er aus ihren Lehren freiesten Nutzen. Er blickt zudem von Freud zurück auf spiritualistische Systeme der Psychologie des 19. Jahrhunderts, um durch diesen Rückgriff umdeutend zugleich über Freud hinauszugehen. Von Marx kommend, gelangt er zu einer Neuentdeckung Charles Fouriers, der einem orthodoxen Marxismus lediglich als romantischer Vorläufer erscheint.

Breton sucht und findet überall Anregungen, die zum Ausdruck seiner Erfahrungen beitragen; bei den Kelten, den Hopi-Indianern, in der alchimistischen Literatur, den okkultistischen und esoterischen Traditionen, bei den Anarchisten und Spiritisten, den Geisteskranken und gesellschaftlichen Außenseitern.

Allein schon das Verfahren, sich zur Entwicklung seiner Aussagen auf

Koordinaten unterschiedlichster Herkunft zu stützen, unterbindet sowohl den Versuch, Breton einem orthodoxen System zuzuordnen, als auch die Darstellung seines Denkweges von einer derartigen Warte aus. Zugleich wird der Stil seiner Werke hierdurch auf eigentümliche Weise schwierig und doch erfrischend zugleich: Jeder kann neben jedem stehen, alles neben allem; Meister Eckhart und der Marquis de Sade, Hegelsche Dialektik und okkultistische Symbole, eine zufällige Beobachtung Bretons in einem Restaurant und das Wort eines Philosophen. Es ist ein surrealistisches Erkenntnisprinzip, daß gerade die Paarung konventionell nicht verbundener Wirklichkeiten neue Aufschlüsse gewährt. Darüber hinaus gelangt Breton zur Auffassung eines Pluralismus der Wahrheiten, in dem auch gegensätzliche Systeme des Denkens bestehen können: *Alle derzeitigen Systeme können vernünftigerweise nur als Werkzeuge auf der Hobelbank eines Schreiners angesehen werden. Und der Schreiner bist du. Wenn du nicht tollwütig geworden bist, wirst du nicht auf all diese Werkzeuge verzichten wollen bis auf eines und dich zum Beispiel auf den Hobel versteifen, derart, daß du den Gebrauch des Hammers für falsch und schuldhaft erklärst... Es muß doch erlaubt sein, und dies ohne jeden Eklektizismus, das jeweils den Umständen entsprechende Instrument der Erkenntnis zu gebrauchen.*[3]

Bretons Ansatz klingt daher einmal politisch, einmal ästhetisch, einmal religiös. Doch er verträgt sich auf Dauer mit keiner etablierten politischen Bewegung, will nicht auf die Ästhetik beschränkt, sondern auf die Ganzheit des Lebens bezogen sein, und Breton beharrt darauf, sein *Heiliges* sei *außerreligiös*.[4]

Von diesem ungewöhnlichen Denken gehen vielfältige Wirkungen aus. Breton hat seinen sicheren Platz in der Biographie überragender Maler und Dichter. Sein erstes surrealistisches *Manifest* gilt als Grundlage einer bedeutenden Kunstrichtung. Werke wie *Nadja* gehören unbezweifelt zur klassischen Literatur der Moderne. Vielfach werden nun aus den aufgezählten Gründen diese Werke und Wirkungen Bretons losgelöst von ihrem Gesamthintergrund betrachtet. Bezeichnenderweise erschien schon zu seinen Lebzeiten in Frankreich eine Monographie, die jenen Breton, an dem man als Klassiker der französischen Literatur nicht vorbeikam, von jenem anderen zu trennen versuchte, mit dessen befremdender Weltsicht man nichts anzufangen wußte.[5]

Nachfolgend wird der Lebens- und Erkenntnisweg Bretons in seinen wesentlichen Stationen und Elementen nachgezeichnet. Die vielen Facetten der Person und des Werks machen eine Beschränkung auf die Hauptlinie der Entwicklung unumgänglich.

Frühe Einflüsse

Was mich betrifft, ich werde weiterhin mein Glashaus bewohnen, wo man zu jeder Stunde sehen kann, wer mich besucht; in dem alles, was an den Plafonds und an den Wänden aufgehängt ist, wie durch einen Zauber festhält; wo ich nachts auf einem Glasbett mit Bettüchern aus Glas ruhe; wo mir früher oder später, mit dem Diamanten eingeschrieben, sichtbar wird, wer ich bin.[6] Breton strebte nach Transparenz der Biographie im Werk. Die Deckung von Poesie und Lebenspraxis war für ihn der einzige Weg, um in der Gravur des unzerstörbaren Diamanten der Wahrheit etwas über sein innerstes Wesen zu lesen. Entsprechend sah er *im Ehrgeiz von seiten jener, die sich hinter sich ausstreichen, nur wenig Ehrenhaftes*[7]. Sein Glashaus bezog er allerdings erst mit Beginn des Werkes, und häufig hat er es verdunkelt: Selbstzeugnisse zur Kindheit und frühen Jugend sind äußerst spärlich; der Nachlaß, der Aufschluß bei mancher Frage geben könnte, bleibt durch testamentarische Verfügung bis zur 50. Wiederkehr des Todestags gesperrt. Doch gerade da, wo er Schleier des Geheimnisses über sein Dasein legte und die Linien seines Lebens sich absichtsvoll im Mythos verlieren, ahnen wir durch die Sprache der Allegorie mehr von dem, wer er ist, als aus der Darstellung einer auf Daten reduzierten Wirklichkeit sichtbar würde.

André Breton wurde als Sohn eines Kaufmanns am 18. Februar 1896 um 22 Uhr 30 in Tinchebray (Orne) geboren. Die große Geschichte kennt den Namen dieses kleinen Ortes in der Normandie nur durch den Sieg, mit dem Heinrich I. von England sich hier 1106 die Herrschaft über beide Seiten des Ärmelkanals sicherte. Die Tatsache, daß sein Geburtsort mit einer wichtigen Auseinandersetzung des Mittelalters verknüpft ist, mag der spätere Astrologe und Zeichendeuter Breton in Beziehung zu seinem lebenslangen Interesse für diese Epoche gesehen haben. Bedeutsam war ihm seine gallisch-keltische Abstammung, die ihm frühe Aufenthalte beim Großvater mütterlicherseits in der alten bretonischen Hafenstadt Saint-Brieux bewußt werden ließen. Unter den Vorfahren beider Linien gab es Angehörige des bodenständigen Handwerks der Strohdachdecker.[8]

Seine Herkunft beschwor Breton zur Charakterisierung der eigenen Haltung gegenüber abstrakten Systemen des Denkens: *Ohne Zweifel ist zuviel vom Norden in mir, als daß ich jemals ein Mann der uneingeschränk-*

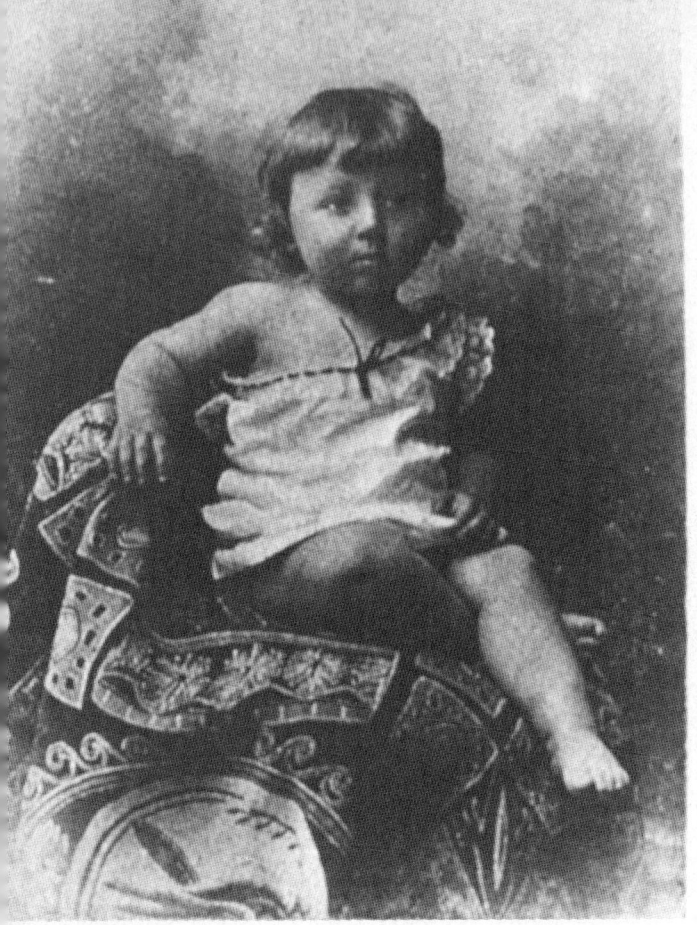

André Breton mit achtzehn Monaten, 1897

ten Zustimmung sein könnte. Dieser Norden trägt in meinen Augen beides in sich, naturgegebene Befestigungen aus Granit und aus Nebel.[9] Keltisches Erbe spürte er auch im Zusammenhang mit dem Surrealismus, welcher auf seine Weise zu den *«Symbolwäldern» in der wiedergefundenen Tradition der gallischen Kunst* gelangt und zu *völligem Bruch mit dem lateinischen Geist* führt, den fremde, römische Eroberer seiner Heimat im Jahre 50 brachten.[10] Der automatische Text *Jahreszeiten*[11] enthält Erinnerungsfetzen aus jenen Kindertagen, die zwar nicht viel Konkretes, dafür jedoch Typisches verraten. Neben einer Sensibilität für Feinheiten der Sprache, die Natur und das Geheimnisvolle klingt die vom Erwachsenen zum System entwickelte Neigung zum Überraschenden, Unvorhersehbaren an: *Der Kleine möchte eine Wundertüte. Diese Tüten zu einem Sou sind nicht ohne großen Einfluß auf mein Leben geblieben.* Und man erfährt vom Interesse für Bild und Imagination: *Der Farbdruck an der Wand ist eine Träumerei, die immer wieder auftaucht. Ein Mann, dessen Wiege im Tal steht, erreicht mit einem hübschen Bart im Alter von vierzig Jahren den Gipfel eines Berges und beginnt behutsam den Abstieg.*[12]

Der Vater

Breton war vier Jahre alt, als sich seine Familie 1900 im Pariser Stadtteil Pantin niederließ. Der frühen Liebe zu Wunder und Traum standen hier ein für das Kind wenig glückliches Familienleben und eine autoritäre Erziehung gegenüber. Das Verhältnis zu den Eltern war und blieb distanziert: *Man fängt an, auf andere Größenverhältnisse zu hoffen, als die der allzu traurigen Bilder der Unterhaltungen der Eltern*, heißt es in einer Kindheitserinnerung.[13] Und noch mit 35 Jahren betonte Breton bei der Erwähnung eines Briefs an seinen Vater, dieser wäre als Frucht einer *Anwandlung tiefer Traurigkeit eher eigentlich als von Vertrauen*[14] verfaßt. Voller Groll dachte er in einer Randglosse zu *Jahreszeiten* daran, *sehr gut erzogen worden zu sein*[15]. Entsprechende Passagen des Textes lassen auf eine häusliche Atmosphäre von Kontrolle und Zwang schließen: Das Kind wurde tagelang in der Wohnung eingesperrt, Schlüsselgeräusche blieben ihm zeitlebens unangenehm. Gegenüber Gérard Legrand bekannte Breton später voller Gemütsbewegung: *Mich ließ meine Mutter aufrecht vor ihr aushalten, um mich kalt zu ohrfeigen.*[16] Sein kindliches Lebensgefühl gab er auch preis, indem er an die Tochter schrieb: *Lange hatte ich es für Wahnsinn gehalten, einem Menschen das Leben zu schenken. Jedenfalls hatte ich es denen verdacht, die es mir geschenkt hatten.*[17]

Seine Schulzeit begann Breton in der École communale de Pantin. Abwechslung vom Alltag boten Ausflüge in die Vorstadt (Le Raincy, Pavillons-sous-Bois) mit *kümmerlichen Gartenhäuschen* und ihrer *trostlosen Gartenarbeit*.[18] Er interessierte sich für Sammelbilder; und Dinge, die auf Vergangenheit und Ferne deuteten, zogen ihn und seine Träume an. Doch schon für das Kind wurde die Welt der Imagination nicht zur inneren Fluchtburg, in die es sich zurückzog, um dem Gefühl des Unterdrücktseins zu entkommen. Durch sie erwachte ein Sinn der Rebellion gegen Autoritäten: *Ich werde nie die Entspannung, das Hochgefühl und den Stolz vergessen, welche mir eines der allerersten Male, als man mich als Kind auf einen Friedhof führte, – unter so vielen deprimierenden oder lächerlichen Grabmalen – die Entdeckung einer einfachen Granittafel verursachte, in roten Großbuchstaben graviert mit dem wunderbaren Wahlspruch: WEDER GOTT, NOCH GEBIETER.*[19] Das gegängelte Kind, das keinen Meister anerkennen mochte, sehnte sich nach der Freiheit jenseits verschlossener Türen: *Ach! werden das auf unbegrenzte Zeiten die Ferien sein und diese Spiele auf freiem Feld, wo ich der Anführer bin?*[20]

Die Eltern, die große Pläne mit dem Sohn hatten, schickten ihn aufs Gymnasium. 1906 trat er ins Collège Chaptal ein, das er bis 1912 besuchte. In der Unterprima lernte er durch den Lehrer Albert Keim Werke von Charles Baudelaire, Stéphane Mallarmé und Joris-Karl Huysmans kennen und schätzen. Als zentrales Anliegen dieser drei Dichter kann man den Versuch bezeichnen, die Krise des Ich zu überwinden: Der

1913 in Paris

Mensch, der sich einerseits als isoliertes Wesen in Natur und Gesellschaft erlebt, erkennt andererseits, daß sein Dasein durch das verursacht wird, was er als Außenwelt wahrnimmt. Ist sein Ich etwas ausschließlich Bedingtes, mag es in letzter Konsequenz keine Freiheit geben; die Autonomie wäre bloß scheinbar, das Ich der Tyrannis der Welt ausgesetzt. Wird dieses Lebensgefühl jedoch umgekehrt und das Ich absolut gesehen, erscheint die Welt unter dessen Herrschaft oder gar als dessen Wirkung. Dies mündet in einen Solipsismus, eine Gaukelei vollkommener Freiheit, die den gleichen Lebensekel («ennui») hervorbringt wie das Empfinden totaler Abhängigkeit und Unfreiheit. Breton, dessen erwachendes Selbstbewußtsein für diese Problematik besonders empfänglich gewesen sein muß, begegnete in Leben und Werk jener drei Männer unterschiedlichen und doch verwandten Lösungsansätzen: Das Ich muß sich die Welt untertan machen, indem es sie neu erschafft, muß sich aufheben oder seinen Platz im Ganzen der Welt finden.

Für Charles Baudelaire (1821–67) war diese Welt eine gefallene, in der jedoch Spuren des Geistes auf ihre Korrespondenz mit anderen, unsichtbaren Welten deuteten. An okkultistische Traditionen anknüpfend[21], versuchte er dichtend die geheimen Bezüge zwischen dieser und anderen Welten zu erfassen und sich damit über das elende Dasein zu erheben. Sein künstlerisches Schaffen bedeutete ihm in gewissem Sinn

Charles Baudelaire
Fotografiert
von Nadar, 1855

Stéphane Mallarmé. Gemälde von Édouard Manet, 1876. Louvre, Paris

ein Wiederholen der Schöpfung, indem er zuvor verborgene Beziehungen der Dinge in bildhafte Sprache übersetzte. Baudelaires *«Moral»*[22] gegenüber dieser ihn erniedrigenden Welt sollte für Breton bedeutend werden. Damit war vor allem die von jenem beschriebene und gelebte Haltung des Dandy gemeint: *Der Dandy lebt sowohl in der narzißtischen Sorge um sein Gebaren und seine Handlungen («Er muß danach trachten, ununterbrochen sublim zu sein. Er muß leben und sterben vor seinem Spiegel») als auch in dem Verlangen, auf seinem Wege ein anhaltendes Gemurmel der Mißbilligung hervorzurufen («Es ist etwas Berauschendes am schlechten Geschmack, nämlich das aristokratische Vergnügen, zu mißfallen»).*[23] Dahinter steht die Bewunderung eines autonomen Menschseins, das *über alle Wechselfälle des Lebens triumphieren wird*, eine paradoxe Intervention der Menschenwürde, die sich kostümiert, um ihre Auflösung in Masse und Mittelmaß zu verhindern.

Okkultistische Quellen und Theorien spielen auch im Werk Stéphane Mallarmés (1842–98) eine überragende Rolle. Sein Dichten, das alles Zufällige ausschließen wollte, wurde ihm zur magischen Handlung: Eine dunkle, esoterische Sprache sollte Unbekanntes und Verschwie-

17

Amédée Lynen:
Joris-Karl Huysmans.
Bibliothèque Nationale,
Paris

genes beschwören. War es Baudelaire noch darum gegangen, mit den Bildern seiner Dichtung andere Welten durch Entsprechungen gleichsam in der unseren zu spiegeln, versuchte Mallarmé, dieses Jenseitige in unsere Welt zu rufen mit dem Ziel eines Transparentmachens des Ich, durch welches das All wirken sollte: «Ich muß Dir sagen, daß ich jetzt unpersönlich bin, nicht mehr Stéphane, den Du kanntest, sondern einer der Wege, den das spirituelle Universum gefunden hat, um sich selbst zu sehen und voranzukommen – durch das hindurch, was mein Ich war.»[24] In seinen eigenen lyrischen Anfängen sollte Breton an Mallarmés Tradition einer esoterischen, vorgeblich zufallsfreien Kunstsprache anknüpfen.

Joris-Karl Huysmans' (1848–1907) äußerer Konformismus entsprach den Lebensumständen des jungen Breton: *Es ist der reinste Hohn, daß sich dieser phantasievolle Mensch damit abgefunden hat, sein Leben zwischen den Akten eines Ministerbüros zu verbringen (in den Rapporten seiner Vorgesetzten wird er als mustergültiger Beamter geschildert).*[25] In den

Pausen seines angepaßten Lebens verfaßte er sein Werk. Der Roman «À Rebours» («Gegen den Strich») läßt seinen Helden Jean Florissac des Esseintes in der Abgeschiedenheit eine eigene Welt aufbauen, voller Kostbarkeiten und scheinbar unabhängig von Natur und Gesellschaft. «Er pflegte zu sagen, die Natur sei überholt; durch die abstoßende Einförmigkeit ihrer Landschaften und ihrer Himmel habe sie endgültig die aufmerksame Geduld der Raffinierten ermüdet.»[26] Des Esseintes' künstliches Paradies überbietet sogar die Natur: Sein Eßzimmer gleicht einer Schiffskabine, die ihm durch ihre Ausstattung eine Illusion vermittelt, welche jeder echten Reise zu Wasser überlegen ist. Er entzieht sich «einer hassenswerten Epoche unwürdiger Rüpel» und hat «keinen Anteil mehr an der gegenwärtigen Existenz». So sehnt er sich «nach einer subtilen, erlesenen Malerei, die in antiken Träumen, in antiker Verderbtheit sich badet, fern von unseren Sitten, fern unserer Zeit... Unter allen gab es einen Künstler, dessen Talent ihn in andauernde Begeisterung versetzte: Gustave Moreau.»[27]

Durch die Vermittlung der Lektüre Huysmans', der ihn nicht nur in «À Rebours» feierte, mag André Breton auf diesen symbolistischen Maler aufmerksam geworden sein. Seine Bilder wurden ihm zur Offenbarung: *Die Entdeckung des Museums Gustave Moreau hat bei mir im Alter von sechzehn Jahren für immer meine Art zu lieben bestimmt. Schönheit und Liebe, dort sind sie mir offenbar geworden in einigen Gesichtern, in einigen Haltungen der Frauen.*[28] Fasziniert von Blick und Gestalt dieser von Gustave Moreau (1826–98) geschaffenen Wesen, welche in Nacktheit und prunkvollen Schmuckornamenten vor traumhaftem Hintergrund oder in exotischen Tempelhallen erscheinen, wünschte sich Breton, *bei Nacht dort mit einer Laterne einzubrechen. Ich wollte die «Fee mit dem Greif»* (Fée au griffon) *im Dunkel überraschen und die Zeichen auf halbem Wege auffangen, die zwischen dem Bild «Freier»* (Prétendants) *und der «Erscheinung»* (Apparition) *hin und her schwirren, die das äußere mit dem inneren, bis zum Glühen gebrachten Auge austauscht.*[29] Moreaus Bilder prägten nicht nur seine Art zu lieben, sondern auch seine Weise des Erlebens. Für Breton ging es um mehr als den ästhetischen Genuß. Rückblickend erkannte er, wie diese *reinste Verzauberung* darin lag, daß ihm die Macht der *hier wie nirgendwo sonst neu entfachten Mythen* entgegentrat. Der Hinweis auf die Macht der Mythen spricht ein Leitmotiv seines Lebens an.

Ursprünglich war der Mythos eine bildhafte Erklärung der Welt: Der Sinn des Entstehens von Natur und Mensch, des Wechsels von Tages- und Jahreszeiten, von Geburt und Tod stellte sich frühen Gesellschaften im Mythos erschöpfend dar. Im Ritus eines geordneten Alltags und im kultischen Ritual vollzog der Mensch selbst den Mythos. Sein Handeln war ein Abbild des vorzeitlichen Wirkens der Götter, das dadurch zugleich gegenwärtig wurde. So kannte der Mythos kein autonomes Individuum. Der

einzelne erfuhr sich als Teil einer Ganzheit und eingebettet in eine über-
zeitliche Ordnung, die nicht durch Argumente gerechtfertigt, sondern
mit den Bildern des Mythos als Wahrheit offenbart war.

Die überlieferten Mythologien haben für den heutigen Menschen in
diesem Sinn nicht die Qualität eines Mythos. Da wir nicht mehr aus ihnen
leben, bedürfen sie der Deutung, was sie zu bloßen allegorischen Ge-
schichten werden läßt. Dem, was einst machtvolle, kollektive Gültigkeit
besaß, begegnete Breton in Motiven esoterischer Privatmythologien sym-
bolistischer Künstler. Wie er als Jugendlicher darin die Kraft der Mythen
erneut entfesselt erlebte, sollte ihn zeit seines Lebens bewegen. Die Sehn-
sucht nach der verlorenen Ganzheit mythischer Welten führte ihn später
zu Versuchen, alte Mythen wiederzubeleben und neue zu schaffen.

So wie im Mythos das einzelne in einer überzeitlichen, überkonkreten
Ordnung betrachtet wird, erfuhr Breton durch die Werke Moreaus das
Weibliche in einem überindividuellen, mythischen Sinne: *Diese Frau, die
fast ohne ihr Aussehen zu verändern, abwechselnd Salome, Helena, Da-
lila, die Chimäre und Semele ist, ist deren wahre Inkarnation. Sie gewinnt
aus ihnen ihr Ansehen und geht so in das Ewige ein.*[30]

Während Bretons Imagination in geist- und poesiegeschaffene Welten
reiste und versuchte, sich in der Sprache eines Mallarmé auszudrücken,
verlief sein äußerer Weg weiterhin nach den Wünschen der Eltern. 1913
begann er eine naturwissenschaftliche Ausbildung, die ihn zum Medizinstudium führte. Doch sein Herz war nicht dabei: *Meine körperliche Gegenwart auf diesen Hörsaalbänken oder an diesen Labortischen ist weit
davon entfernt, die gleiche Geistesgegenwart einzuschließen.* Aber obwohl
er dichtete, schwebte ihm keine literarische Karriere vor. Auch waren es
nicht nur die mythischen Gegenwelten in Literatur und Kunst, die ihn
anlockten, er hungerte zugleich nach dem Pulsieren und der Unruhe der
Straßen, nach dem Ungewissen, nach äußerer Freiheit: *Ich bin in diesem
Alter das Objekt eines fernen Rufes, ich empfinde zwischen diesen Mauern
einen undeutlichen Appetit für alles, was außerhalb stattfindet.*[31] Mit mäch-
tigen Worten erinnerte er sich drei Jahrzehnte später an die große Demonstration gegen die Einführung eines dreijährigen Militärdienstes am
16. März 1913, an den unauslöschlichen Eindruck, den die schwarzen
Fahnen der Anarchisten inmitten eines gewaltigen Meeres roter Fahnen
auf ihn machten.

In Bretons Dichtung jener Zeit dominieren Anschauungen und Stil-
prinzipien der symbolistischen Tradition. Die in Prosa verfaßte *Studie für
ein Portrait*[32] (*Étude pour un portrait*) entrückt das Mädchen Anne durch
das Wort *châtelaine* (*Burgfrau*) ins Mittelalter. In Gedichten läßt er
Frauen erscheinen, die sich, im tiefsten Wesen substanzlos, nur durch ihr
Ornament manifestieren: Magische Evokationen einer nach Mallarmés
Maßstab vollkommenen sprachlichen Form rufen diese Körperlosen herbei, die sodann vermittels ihrer Attribute dem inneren Auge sichtbar

werden. Diese Attribute, Rankenwerk und kostbarer Schmuck der Frauen Moreaus nach dem Geschmack eines des Esseintes, sind somit alles andere als bloßer Zierat. Sie bilden die eigentlichen Bedingungen, diese keinesfalls stofflichen Wesen aus mythischen Welten zu schauen. Was den Juwelenreichtum in seinen Jugendgedichten betrifft, wies Breton auf ein *Geheimnis* hin: *die Anziehungskraft der Gesteine*[33]. In *D'Or Vert*[34] manifestiert sich die Frau durch ihren sonderbaren Rankenumhang, der zur Angst Anlaß gibt, weil er konkreter ist als seine Trägerin, deren Wesen für den Dichter unfaßbar bleibt:

> *Ich beschwöre dich, besorgt über eines Mantels Macht*
> *Chimärisch feenhaft deine Schritte auf der Erde,*
> *Ein wenig traurig vielleicht und widerspenstig eher*
> *Als ganz verlassen an selbstgewähltem Abhang.*[35]

Mitunter deutet sich eine Konfrontation der geträumten Frau mit der Realität an, deren Ruf Breton von der Straße vernahm. Ein Ende 1913 entstandenes Gedicht sehnt die Jungfrau Maria herbei, die durch das *Gelübde der wertesten Gabe an das Marienbild* auch erscheint. Aber die Realität meldet sich von ferne in diesem beglückenden Ereignis, denn dem Dichter wird bewußt, daß er durch dieses Gesicht eine wirkliche Stimme vergißt, die *ohne Balsam erhoffter Liebkosung*[36] Anlaß zum Weinen gibt. Schon im Kriegsjahr 1914 wurde das Gedicht *Dezember*[37] verfaßt, in welchem Bretons Realität in direkten Konflikt mit der Jungfrau gerät: Er weist die Umschlingung ihrer *warmen Lianenarme* und damit zugleich die religiöse Geborgenheit der Kindertage zurück. Statt dessen wünscht er sich unter die Helden auf das Schlachtfeld. Der Krieg erscheint in *Dezember* als Metapher der Realität. Doch der Wunsch nach dem wirklichen Leben ist nicht so stark, daß Breton gleichfalls einrücken möchte. Indem er die mittelalterliche Schlacht von Bouvines (1214) nennt, nimmt er zugleich Abstand vom aktuellen Gang der Geschichte.

Das Zurückweisen der Gottesmutter, an deren *dürftigen Engelsbrüsten* er *nicht auf das Leben einbeißen* will, zeigt bereits Bretons negative Haltung gegenüber Formen etablierter Religiosität, deren Linie sich dann charakteristisch auch in dem von ihm angeregten Skandalbild Max Ernsts «Die Jungfrau züchtigt das Jesuskind vor drei Zeugen» (1926) fortsetzte. Man mag daraus indirekte Hinweise auf Elternhaus und Erziehung ableiten. Wesentlicher ist noch ein anderer hier anklingender Aspekt: Auf der Schwelle zum Erwachsenenalter begegnen sich im Dichter Breton mythische Welten und die Erfordernisse der Realität. Auch wenn die Realität zunächst die Oberhand gewann und er sich nicht von jenen körperlosen Wesen umschlingen ließ, verdrängte er diese andere Wirklichkeit niemals völlig. Jeder Schritt in die äußere Realität sollte in seinem Leben zugleich ein Schritt zur Vereinigung der Gegensätze jener von den symbolistischen Traumreichen repräsentierten Sphäre und der rauhen Welt der Notwendigkeiten werden. Das Schaffen der symbolistischen Vorbilder war zwar

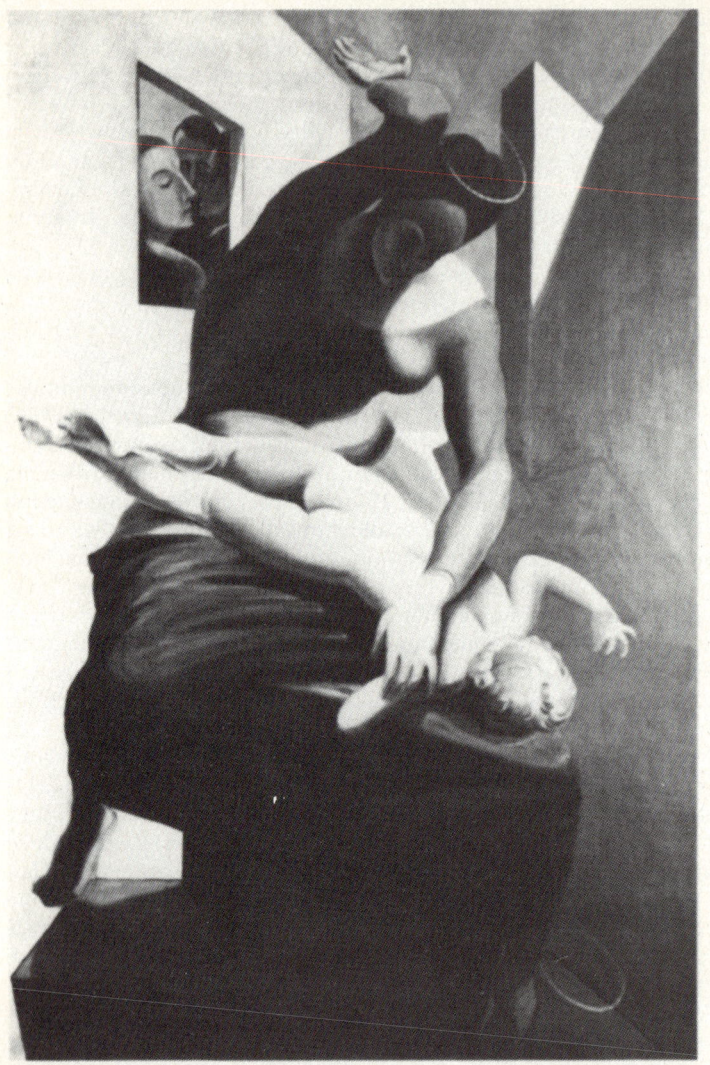

Max Ernst: Die Jungfrau züchtigt das Jesuskind vor drei Zeugen: André Breton, Paul Éluard und dem Maler, 1926. Privatbesitz, Brüssel

auf Grund ihrer esoterischen Theorien keine Kunst um der Kunst willen, dennoch aber ein Rückzug von der Gesellschaft, in der man sich bestenfalls in der Rolle des Dandy bewegte, in eine Privatmythologie. Bretons

Weg kehrte diese Entwicklung um. Er machte sich auf, die Macht und Möglichkeiten der Bilder und Mythen zur Gestaltung wie Veränderung der Gesellschaft und ihrer Individuen zu erkunden.

In seiner Anfangszeit als Dichter suchte er zunächst den Anschluß an die symbolistische Sukzession. Er trat in persönlichen Kontakt mit René Ghil (1862–1925) und Francis Vielé-Griffin (1864–1937), in denen Mallarmés Tradition noch lebendig war. Auch schätzte er Paul Roux, genannt Saint-Pol-Roux (1861–1940), den er gleichfalls kennenlernte. Er bewunderte nicht nur die Dichtungen dieser Spätsymbolisten, sondern schätzte vor allem auch die Haltung, mit der sie ungeachtet der Meinung ihrer Kritiker und aller Zeitströmungen ihren Stil bewahrten. Einen Kristallisationspunkt spätsymbolistischen Geistes bildete die seit 1906 von Jean Royère herausgegebene Zeitschrift «La Phalange». Hier veröffentlichte Breton im März 1914 drei seiner ersten Gedichte.

Der wichtigste Kontakt dieser frühen Zeit bestand zu Paul Valéry (1871–1945). In Bewunderung der Größe des Dichters, der ihm eine lebendige Brücke zur Generation Mallarmés und Huysmans' war, näherte er sich ihm. Als er durch die Straße ging, in der Valéry wohnte, war ihm bewußt, daß sie in Zukunft dessen Namen tragen müßte. Zu Valérys Gestalt des Monsieur Teste hatte Breton eine tiefe Beziehung aufgebaut. Er kannte «La Soirée avec Monsieur Teste» fast auswendig, und Herr Teste

Saint-Pol-Roux

Paul Valéry

war ihm ein ständiger Begleiter. Eigens vermerkte er, daß das Werk in seinem Geburtsjahr 1896 erschien.[38] Herr Teste begegnet der Krise des Ich durch ein Dandytum besonderer Art: Er hält sich möglichst von Bindungen frei, schränkt die Beziehungen zur Welt auf das Allernotwendigste ein und reduziert selbst den Schlaf, wodurch er sich auch von unbewußten Einflüssen absondert. Er liest nie, schreibt nie, lacht nicht, und wenn er schon sprechen muß, tut er dies rührungs- und gestenlos. Valéry selbst hatte nach Veröffentlichung seines «Teste» lange geschwiegen, was für Breton von tiefster Bedeutung war. Er nahm Valéry zum Lehrer. In persönlicher Begegnung und Korrespondenz *mit einer unermüdlichen Geduld, während Jahren, hat er auf alle meine Fragen geantwortet.* Trotz späterer Distanz sollte Breton stets schätzen, daß Valéry alle Mühe darauf verwendete, *um mich gegen mich selbst anspruchsvoll zu machen*[39].

Das Ideal des Dandy vor Augen, widerwillig mit seinen Studien beschäftigt, in Fragen der Poesie vertieft, hingegeben an traumgeborene Welten des Symbolismus und voller Durst nach Freiheit, ereilte mit seiner Generation auch Breton das Verhängnis des Krieges. Er fand sich plötzlich unter jenen, *die der Krieg von 1914 gerade all ihrem Sehnen entrissen hatte, um sie in eine Kloake von Blut, Dummheit und Schlamm zu stürzen*[40].

Krieg

Der Rekrut André Breton wurde zur Artillerie eingezogen und hatte sich für die Grundausbildung nach Pontivy zu begeben. Die negativen Erfahrungen mit Autorität in Elternhaus und Schule verschärften sich beim Militär. *Dieser Dienst des Soldaten macht besonders für die individuelle Entfaltung geneigt. Diejenigen, die nicht strammstehen mußten, wissen nicht, was das ist, das Verlangen, zu bestimmten Augenblicken die Hacken zu bewegen.*[41] Ihn ekelte das chauvinistische Geschrei, in das mit dem ganzen Land auch die Dichter einzustimmen schienen, von denen er sich Klarblick erhofft hatte. Auf Grund seiner Studien wurde er schließlich dem Sanitätsdienst zugeteilt und an das Militärhospital von Nantes versetzt. Der Umgang dort war rüde. Die Stimme des Arztes hallte durch die Gänge: *Dyspepsie, kenn' ich nicht. Es gibt zwei Magenkrankheiten: die eine ist sicher, der Krebs; die andere zweifelhaft, das Geschwür. Werfen Sie ihm zwei Portionen Fleisch hin und Salat. Das wird vorübergehen. Ich werde Sie schon um die Ecke bringen, mein Alter.*[42] Die neuen, ungewohnten Lebensumstände des Soldaten stellten Bretons Werte in Frage. Konnte das Ich des Dichters den Zufall aufheben oder gar in der Rolle des Dandy bestehen, wenn die Gesellschaft so massiv wie durch diesen Krieg in das Dasein des Individuums einzugreifen vermochte? Er steuerte in eine Krise: *Ich ging durch einen der schwierigsten Momente meines Lebens, ich begann zu sehen, daß ich nicht machen würde, was ich wollte. Der Krieg dauerte an.*[43]

Der Lyriker Breton erfuhr dieses Stoßen an die Grenzen seiner Möglichkeiten in einer poetischen Dimension: Dem Prinzip des Triumphs über den Zufall nach Mallarmé stellte sich für ihn ein Dichter entgegen, der das Zufällige, Unvorhersehbare («imprévu») in das Zentrum seines Schaffens und Lebens gerückt hatte: Arthur Rimbaud (1854–91). Während der dienstfreien Stunden fesselte ihn die Lektüre Rimbauds bis zur Besessenheit: *Quer durch die Straßen von Nantes beherrscht Rimbaud mich völlig: was er ganz anderswo gesehen hat, überlagert das, was ich sehe, und tritt sogar an dessen Stelle; seinetwegen bin ich seither nie mehr durch diese Art eines «Ausnahmezustandes» («état second») gegangen.*[44] Rimbaud hatte um des Lebens willen das Dichten aufgegeben. Breton wollte sich nach dieser intensiven Erfahrung um der Poesie willen

Arthur Rimbaud

bewußt den Gefahren der Ungewißheit des Lebens stellen. Am 19. Februar 1916, dem Tag nach seinem zwanzigsten Geburtstag, schrieb er das Gedicht *Alter*[45], welches programmatisch seine innere Aufbruchsstimmung ausdrückt. Er nimmt darin Abschied von der Sicherheit, die er im planvollen Komponieren von Bildern mit symbolistischem Rankenwerk gefunden hatte:

> *Morgenröte, leb' wohl! Ich komme aus dem verwunschenen*
> *Wald hervor; ich trete kühn den Straßen entgegen,*
> *glühenden Kreuzen. Ein segnendes Laubwerk verliert*
> *mich...*

Der Lehrer Valéry erkannte durch die Korrespondenz den Kampf, der sich nun in Breton abspielte. Er selbst wußte um jenen Konflikt, in dem «ein Rimbaud, ein Mallarmé in einem Dichter unversöhnlich» aufeinanderprallen. Er kündigte an, daß es schwierig wäre, «als man selbst» aus diesem Kampf hervorzugehen.[46]

Doch eine äußere Begegnung versprach, den inneren Gegensatz zu überwinden: Anfang 1916 lernte Breton den etwa gleichaltrigen Jacques Vaché kennen. Dieser, im Zivilleben Student an der Kunstakademie, war wegen einer Beinverwundung ins Krankenhaus eingeliefert worden. Breton wurde auf den Sonderling durch dessen eigentümliches Gehabe aufmerksam. Da Vaché sich nicht bewegen durfte, nutzte er seine Zeit zum Zeichnen und Bemalen von Karten, für die er dann eigenartige Titel ersann. *Jeden Morgen verbrachte er gut eine Stunde damit, eine oder zwei Fotografien, Farbtöpfchen, einige Veilchen auf einem kleinen Tisch mit Spitzendecke in seiner Reichweite anzuordnen.*[47] Breton, der Vaché, dessen Lebenshaltung und Weltsicht fasziniert näher kam, liebte ihn als das in dieser Situation *einzige völlig unverletzte Wesen*[48]. Es schien ihm, als wäre dem Krieg zum Trotz der Dandy der Dichtung Fleisch geworden: So

Jacques Vaché in Nantes, 1913/14

nannte er Vaché später *eine Art des Esseintes der Tat* und meinte, *er hätte sich sehr gut für einen Enkel des Herrn Teste ausgeben können.*[49] Vaché hatte im Krieg zu einer seltsamen Taktik der Totalverweigerung gefunden: *Die Weigerung mitzumachen ist so vollkommen wie möglich, allerdings unter dem Deckmantel einer zum Schein sehr weitgehenden Akzeptanz: alle «äußeren Zeichen von Respekt»* ... *Der Desertion zu Kriegszeiten ins Ausland, die für ihn immer etwas Närrisches haben wird, stellt Vaché eine andere Form des Ungehorsams gegenüber, die man als Desertion nach innen bezeichnen könnte* ... *es ist der feste Entschluß, völlige Teilnahmslosigkeit zu zeigen, dem Bemühen ähnlich, niemandem und nichts zu dienen oder besser, beflissentlich einen schlechten Dienst zu erweisen. Eine individualistische Haltung, wenn es überhaupt eine ist.*[50] Obwohl er den äußerlichen Erfordernissen genügte, sogar als guter Soldat galt, verachtete er jeden Wert und damit auch alles, was Breton wichtig war. *In der Person Vachés untergrub ein Prinzip totaler Nichtunterordnung in großer Heimlichkeit die Welt* ... *alles auf seinem Wege entheiligend. Die Kunst selbst wurde nicht geschont.*[51] Breton sah sich von Vaché als «Pohet» verspottet. In seiner Freizeit war Jacques Vaché unberechenbar: Zuweilen spazierte er in Uniformen umher, die ihm nicht zustanden; oder er lebte über seine Verhältnisse und erschuf um sich eine dramatische Lügenwelt. Dann wieder ging er ohne Gruß und Zeichen des Bemerkens an seinen Bekannten, auch an Breton, vorbei. Was er auch tat, nichts schien ihm wichtig zu sein, und er blieb im Grunde unbeteiligt. Obgleich er sicher nicht am Leben hing, wollte er keinesfalls durch Fremdbestimmung den Tod finden. *«Ich bin ihm auf diesem eiligen Rückzug»,* sagt Vaché, *«nur mit knapper Not entgangen. Doch ich bin dagegen, in Kriegszeiten getötet zu werden.»* *Er wird sich kurz nach dem Waffenstillstand töten.*[52]

Diese von Vaché selbst «umour» genannte Haltung wurde für Breton unter der Bezeichnung *Schwarzer Humor* zu einem wesentlichen Element seiner Lebenseinstellung. Freilich verschob sich der Akzent: Es sollte Breton niemals um ein vollkommenes Verneinen aller Werte gehen, vielmehr offenbarte sich ihm im Schwarzen Humor eine höchste Revolte des Geistes, die *auf dem staubigen Weg, dem Weg der Zukunft*[53] Bedeutung erlangen würde. Der Schwarze Humor führt übliche Abläufe im Bedingten ad absurdum, indem er konventionell damit verbundene Wertungen aufhebt. Er gibt dem Menschen damit die Möglichkeit, über seine Grenzen hinauszuschreiten, wobei es unmöglich bleibt, *den Humor zu explizieren und ihn dialektischen Zwecken nutzbar zu machen. Das hieße aus dem Selbstmord eine Lebensregel ableiten zu wollen.*[54] So wies für Breton der «umour» über die kompromißlose Verneinung Vachés hinaus und deutete eine Schlichtung des Streits an, den Mallarmé und Rimbaud in ihm ausfochten. Er befand sich mitten auf seinem staubigen Weg der Zukunft, der ihn künstlerisch auf das unsichere Feld des Neuen führte; und das Neue sollte sich ihm in der Gestalt des Guillaume Apollinaire (1880–1918) verkörpern.

Guillaume Apollinaire nach der Trepanation, 1916

Durch Korrespondenz hatte Breton den Kontakt zu Apollinaire geknüpft. Am 10. Mai 1916 lernte er ihn persönlich kennen: Breton besuchte den Verwundeten am Krankenbett. Freiwillig hatte sich der Dichter in den Krieg gemeldet; eine Tatsache, die Breton ihm ebenso verzieh wie seine Kriegslyrik. Apollinaire stand wach im Leben. Auch wenn seine politischen Meinungen in dieser Situation sich nicht mit jenen Bretons deckten, war diese Gegenwärtigkeit ein Vorzug, der ihn sogar über Valéry hinauszuheben schien. Valéry mißtraute allem Modernen, Apollinaire setzte sich mit dem Neuen in Bildender Kunst und Dichtung auseinander. In der Literatur begrüßte er jedes Experiment und befand sich selbst in vorderster Linie der Neuerer. So zerschnitt er den Faden herkömmlichen Erzählens, indem er ohne die Reglementierung durch vernünftige Gliederung niederschrieb, was sich in einem Moment in seinem Bewußtsein spiegelte. Er erprobte die Methode der freien Assoziation und stellte die Bedeutung des Überraschenden in der Kunst heraus. Breton blickte zu diesem Mann auf, der wie kein zweiter außerhalb gesicherter Wege zu gehen verstand: *Er war eine bedeutende Persönlichkeit, wie ich seitdem jedenfalls keine mehr gesehen habe... Die Lyrik in Person.*[55] Breton nahm jede Möglichkeit der Begegnung mit dem neuen Meister wahr. Dieser führte ihn auch mit Philippe Soupault zusammen, dem beim Entstehen der surrealistischen Bewegung eine bedeutende Rolle zukommen sollte. 1917 an ein Pariser Krankenhaus versetzt, sah Breton Apollinaire fast täglich. In seinem Kreis empfing er reichste Anregungen. So setzte man sich in der Malerei mit Künstlern wie Georges Braque, Marc Chagall, Giorgio de Chirico, Marcel Duchamp, Henri Matisse und Pablo Picasso auseinander, ohne auf der anderen Seite die Tradition zu verneinen.

Doch vor der Versetzung nach Paris stand Breton noch die Konfrontation mit einer der abscheulichsten Fratzen des Kriegs bevor. Er wurde als medizinischer Assistent ins psychiatrische Zentrum der zweiten Armee nach Saint-Dizier beordert. Dorthin *transportierte man die wegen Geistesstörungen von der Front Entfernten (darunter viele Fälle akuten Wahnsinns) und andererseits verschiedene Delinquenten aus der Untersuchungshaft des Kriegsgerichtes, für die ein gerichtsmedizinisches Gutachten verlangt wurde*[56]. Breton erlebte hier erschütternde menschliche Schick-

Saint-Dizier, 1916

Philippe Soupault

sale, darunter eines, das ihn besonders sensibel für die Probleme der subjektiven Auffassung von Wirklichkeit machte: Ein junger Mann hatte sich auf die Ansicht versteift, der Krieg sei ein bloßes Schauspiel und daher auch ungefährlich. Mitten im feindlichen Feuer stand er unbekümmert aufrecht, um die vorüberfliegenden Granaten zu zählen. Er hielt die Verletzungen seiner Kameraden für geschminkt und glaubte, die Leichen würden eigens herbeigeschafft und auf dem Schlachtfeld verteilt. Das Argument, der Aufwand wäre zu hoch, ihm dies alles nur vorzugaukeln, ließ ihn ungerührt. Breton sah in solchen Fällen neben dem medizinischen Aspekt insbesondere auch einen philosophischen. Die für ihn unvergeßliche Begegnung mit jenem jungen Mann war ein Schritt zu den Erkenntnissen, die er 1924 in der Schrift *Introduction au discours sur le peu de réalité*[57] (*Einführung in den Diskurs über das Wenige an Wirklichkeit*) niederlegte. Wie sicher ist die Wirklichkeit, die wir subjektiv wahrnehmen? *Kann ein Wesen einem Wesen gegenwärtig sein?*[58] Wie stand es um die Möglichkeit der Dichtung, *die Grenzen des sogenannten Realen* zu *verrücken? Es wäre an der Zeit, daß das Vermögen gewisser Bilder, zauberhafte Sinnestäuschungen in uns hervorzurufen, und die echte Gabe, Bilder*

31

und Stimmungen vor unserem inneren Auge erscheinen zu lassen und her-
aufzubeschwören, die manche Menschen ganz unabhängig von ihrem
Erinnerungsvermögen besitzen, endlich nicht mehr verkannt und außer
acht gelassen würden... Ich behaupte, daß dieses-hier genau so da ist wie
jenes-dort, d. h. nicht wirklicher noch unwirklicher ist als alles übrige.[59]

Dem Einsatz in der Psychiatrie verdankte Breton nicht nur wesentliche
Anregungen für den erweiterten Wirklichkeitsbegriff im Surrealismus, er
gewährte zudem wertvolle methodische und theoretische Einblicke. Breton lernte neueste psychiatrische Behandlungsmethoden kennen und beschäftigte sich sogleich mit dem damals in Frankreich noch wenig
beachteten Werk eines großen Neuerers: Er entdeckte, *daß jemand ganz*
für sich allein die Nacht der Ideen, dort, wo sie am dichtesten ist, durchbro-
chen hatte: Sigmund Freud. Bei allen Vorbehalten im Detail, die im übrigen
das geringste Lösegeld sind, das ein Mensch für die Fehlbarkeit zahlen
könnte, läßt sich mehr an neuer, schreiender, substantieller Wahrheit inner-
halb eines einzigen Denkentwurfs und Menschenlebens konzentriert fin-
den als in Freuds?[60] Von Begeisterung hingerissen, wollte er während
eines Urlaubs in Paris Apollinaire, Valéry und André Gide von der Bedeutung Freuds überzeugen. Die Taktik war, *daß ich jedem meiner Opfer*
einen bestimmten Köder vorhielt, den es aller Wahrscheinlichkeit nach
nicht verschmähen würde: Apollinaire den «Pansexualismus», Valéry den
Schlüssel der Fehlleistungen, Gide den Ödipuskomplex. Doch trotz des
Aufwands erntete ich nur Lächeln oder man klopfte mir in freundschaft-
licher Nachsicht auf die Schulter.[61] Erst Dichter seiner Generation sollte
Breton für die Möglichkeiten, die sich aus Freuds Lehre ergaben, gewinnen können: Philippe Soupault sowie auch Louis Aragon und Paul
Éluard, zu denen in jener Periode Freundschaften entstanden.

Am 24. Juni 1917 kam es anläßlich der Uraufführung von Apollinaires
Drama «Les Mamelles de Tirésias» («Die Brüste des Teiresias») in Paris
zu einem Skandal. Der Autor hatte das Stück im Untertitel «surrealistisch» genannt, um damit das Gestaltungsprinzip des Überraschenden
durch Schockeffekte und Unerwartetes zu bezeichnen. Die Handlung:
Therese, eine Feministin, nimmt einen Ehestreit zum Anlaß für eine Ge-
schlechtsumwandlung. Nachdem sie große Luftballonbrüste als Symbole
der Weiblichkeit ablegte, wendet sie sich Tätigkeiten der Männerwelt zu.
Ihr Ehemann dagegen widmet sich den vormals weiblichen Funktionen.

Der Beginn des Stücks hatte schon zwei Stunden auf sich warten lassen,
und vor ungnädigen Zuschauern erwies sich die Inszenierung als recht
mittelmäßig. In dieser gereizten Stimmung trat Apollinaire selbst auf
die Bühne und rief «Schweine!» in den Zuschauerraum. Jacques Vaché
war in der Uniform eines englischen Offiziers zur Aufführung erschienen.
Die lyrische Sprache des Dramas und die kubistische Bühnenausstattung
provozierten ihn. Sicher fühlte er sich auch unter dem Publikum im
Conservatoire Maubel äußerst unwohl. Schließlich erhob er sich, um

*Holzschnitt von Henri Matisse für das
Programmheft der «Mamelles de Tirésias»*

mit entsicherter Pistole vor den Zuschauern herumzufuchteln, bis es Breton gelang, ihn zu beruhigen. Daß Breton bei diesem Konflikt Vachés mit Kunst und Konvention als ein nach beiden Seiten verständnisvoller Vermittler auftrat, wirkt im Zusammenhang des ersten Erscheinens der Bezeichnung «surrealistisch» in der Öffentlichkeit wie ein prophetisches Vorspiel kommender Entwicklungen.

Von diesem Skandal im Theater führt ein direkter Weg zu der berühmten Aussage im *Zweiten Manifest des Surrealismus: Die einfachste surrealistische Handlung besteht darin, mit Revolvern in den Fäusten auf die Straße zu gehen und blindlings soviel wie möglich in die Menge zu schie-*

Louis Aragon und André Breton. Fotografiert von Man Ray, 1929

ßen. *Wer nicht wenigstens einmal im Leben Lust gehabt hat, auf diese Weise mit dem derzeit bestehenden elenden Prinzip der Erniedrigung und Verdummung aufzuräumen – der gehört eindeutig selbst in diese Menge und hat den Wanst ständig in Schußhöhe.*[62] Mancher Interpret wollte Breton hier mißverstehen und eine Anweisung zur Tat sehen, wo eine Haltung charakterisiert ist. *Diese Handlung, die ich die einfachste nenne – es ist klar, daß ich nicht die Absicht habe, sie vor allen anderen zu empfehlen, weil sie einfach ist, und wer mir hier am Zeug flicken will, kann mich genauso fragen wie ein Spießbürger jeden Non-Konformisten, warum er sich nicht umbringt*[63], heißt es in Bretons Erläuterung. Nicht zuletzt durch dieses Aufstehen im Theater blieb Vaché für Breton und seine Freunde stets ein Symbol für jenen *Schrei, der zu jeder Minute aus uns herausbrechen kann über das entsetzliche Mißverhältnis von Gewonnenem und Verlorenem, von Gewährtem und Erlittenem*[64].

Im selben Jahr wurde Breton zur weiteren Ausbildung an das Krankenhaus Val-de-Grâce in Paris abkommandiert, wo auch Louis Aragon tätig war. Der 1897 geborene Aragon studierte gleichfalls Medizin und hatte sich seit frühester Jugend als außergewöhnlich produktiver Literat erwiesen. Die Freundschaft zwischen Breton, Aragon und Soupault festigte sich. Sie standen in regem geistigem Austausch und arbeiteten an Pierre Reverdys Zeitschrift «Nord-Sud» mit. 1918 stießen die drei auf das Werk Lautréamonts (eigentlich Isidore Ducasse, 1846–70), das Breton und Aragon während gemeinsamer Nachtwachen im Krankenhaus laut rezitierten. *Dieses Werk, in dem die mächtigsten Triebe bei der Berührung eines Amiantkäfigs, in dem ein weißglühendes Herz eingesperrt ist, erstarken und erlahmen, ist die definitive Apokalypse. Alles noch so Kühne, das man in kommenden Jahrhunderten denken und unternehmen wird, es ist hier in seinem magischen Gesetz im voraus formuliert worden. Die Sprache, geradeso wie der Stil, gerät mit Lautréamont in eine schwere Krise, sie markiert einen Neubeginn. Die Grenzen sind gefallen, in denen Worte in Beziehung zu Worten, Dinge in Beziehung zu Dingen treten konnten. Ein Prinzip ständiger Verwandlung hat sich der Dinge wie der Ideen bemächtigt und zielt auf ihre totale Befreiung ab, die die des Menschen impliziert.*[65] Lautréamonts Sprache, seine Forderung, die Poesie solle das Werk aller und nicht eines einzigen sein, und seine Definition von Schönheit als der zufälligen Begegnung «einer Nähmaschine und eines Regenschirms auf dem Seziertisch» prägte nachhaltig die Weltanschauung der drei Freunde.

Apollinaires Experimentieren, Rimbaud und Vaché, Lautréamonts Schreiben aus dem Unbewußten und Freuds Theorie blieben nicht ohne Einfluß auf Bretons dichterisches Schaffen. Sein Selbstverständnis als Poet wandelte sich vom autonomen Schöpfer lyrischer Kunstwerke zu dem eines Registrierenden. Das Gedicht *Pour Lafcadio*[66] klingt in den Worten aus:

> *Besser wäre es, sagen zu lassen*
> *daß André Breton*
> *Kassierer Indirekter Steuern*
> *sich dem Leimen hingibt*
> *den Ruhestand erwartend.*

Valéry konnte mit der Rolle des Dichters als Kollagenkleber und mit derartiger poetischer Produktion nichts anfangen. Er wollte Breton zur Wahrung der Form, zu einem vollendeten Sonett überreden.[67] Doch Bretons Vertrauen in die Bedeutung souveränen Künstlertums war erschüttert. Nicht der Ruhm des nach konventionellem Maßstab technisch vollkommenen Dichters stand für ihn im Zentrum des Schaffens, sondern die wirklichkeitsergründende und lebensverändernde Macht der Poesie. Boshaft klingt die Absage an Valérys Ansinnen, einen «Poheten» (Vaché) aus ihm zu machen. Das an Valéry gerichtete Gedicht *Monsieur V*[68] beginnt:

Was sich dabei wie die nüchterne Feststellung einer Pariser Gegebenheit anhört («An der Place de l'Étoile der Triumphbogen»), erweist sich als beißende Kritik an Valéry. Die Kleinschreibung von *la place* und *l'étoile* zeigt an, daß hier nicht ein Ort in Paris gemeint ist. Die Begriffe sind wörtlich zu nehmen: *An die Stelle des Sternes*, also des Ideales, das der Poet im Auge haben sollte, rückte für diesen der Traum vom Ruhm, vom *Triumphbogen*. Als Valéry ein Jahrzehnt später die offizielle Ehrung einer Aufnahme in die Académie Française annahm, verkaufte Breton aus Enttäuschung über seinen ehemaligen Lehrer dessen Briefe, an denen er sehr hing.

Nach dem Abrücken von Valéry und dem Tod Apollinaires (1918) gab es für Breton in der Poesie keine lebende Autorität mehr. Einige Wochen nach Kriegsende tötete sich Jacques Vaché. Er «soll mehrere Stunden vor dem tragischen Ereignis gesagt haben: ‹Ich werde sterben, wann es mir paßt... Doch werde ich dann mit jemandem zusammen sterben. Allein zu sterben ist zu langweilig... Am liebsten mit einem meiner besten Freunde.›»[69] Man fand Vachés Leichnam zusammen mit dem eines Freundes. Beide starben an einer Überdosis Opium. Für Breton lebte das, was Vaché ihm verkörperte, weiter: *Vaché ist Surrealist in mir*[70], damit setzte er dem Freund im ersten Manifest ein Denkmal.

Der Krieg war vorüber. Breton hatte keine Lehrer mehr, dafür aber Freunde seiner Generation, die sein Weltbild teilten und den Wunsch hatten, mit ihm in einer Gruppe zu wirken. Die jungen Dichter waren skeptisch gegenüber allem Etablierten. Ihr Sinn richtete sich auf eine Befreiung von der politischen und moralischen Ordnung Europas, die das eben erlebte Blutbad ausgelöst und als vaterländische Pflicht gefeiert hatte.

Automatismus und Dada

Nach Kriegsende ließ sich Breton im Hôtel des Grands Hommes an der Place du Panthéon nieder. Gemeinsam mit Aragon und Soupault gründete er eine eigene Zeitschrift, *Littérature*, deren erstes Heft im März 1919 erschien. Dem Projekt der drei Dichter kam zugute, daß sie schon während des Kriegs in literarischen Kreisen verkehrt hatten; man kannte sie. So beteiligten sich etablierte Autoren wie André Gide und Jules Romains mit Beiträgen. Auch veröffentlichte hier nach jahrelangem Schweigen Paul Valéry. Neben Literarischem fanden sich Beiträge zur Literaturtheorie; und die drei Freunde versuchten, Interesse für jene Tradition zu wecken, die sie für sich gefunden hatten: Lautréamont, Rimbaud und auch Jacques Vaché, von dem sie eine kleine Briefsammlung herausgaben. Der Geist Vachés schien auch für ihre Strategie gegenüber dem Literaturbetrieb Pate zu stehen. Die von diesem beim Militär vorexerzierte Praxis der Verweigerung im Mittun wurde nun von ihnen im kulturellen Leben geübt, an dessen Aktivitäten sie mit der Haltung des Dandy teilnahmen. Auch äußerlich wurde dies demonstriert: Breton trug stets einen Stock und zeigte sich mit Monokel oder grüner Sonnenbrille. Zudem soll er sich um eine exzentrische Art der Aussprache bemüht haben.

Der Kurs von *Littérature* war voller Mißtrauen dem eigenen Thema gegenüber. Eine Umfrage unter Autoren wollte wissen: «Warum schreiben Sie?» Nur zwei Antworten, die frei von nichtssagendem Pathos und stilisiertem Künstlertum blieben, konnten Breton beeindrucken: «Ich schreibe, um die Zeit abzukürzen» (Knut Hamsun) und «Ich schreibe aus Schwäche» (Paul Valéry). Breton, für den sein Schreiben nichts mit dem willentlichen Schaffen unsterblicher Werte zu tun hatte, sah darin ein Erkenntnismittel, welches sich durch literarische Ambitionen nur zu leicht und gern vergewaltigen läßt. Das Schreiben um eines subjektiven Mitteilungsbedürfnisses willen trat für ihn zunehmend in den Hintergrund vor der Auffassung, daß *durch das Wort etwas Bedeutendes und Unbekanntes sich zielstrebig vermittels des Menschen Ausdruck verschaffen möchte*.[71] Was bei Mallarmé bereits in einer spiritualistischen und höchst esoterisch auf den einzelnen Dichter bezogenen Weise anklang, erlangte bei Breton allmählich Erdnähe und eine gesellschaftsrelevante Dimension.

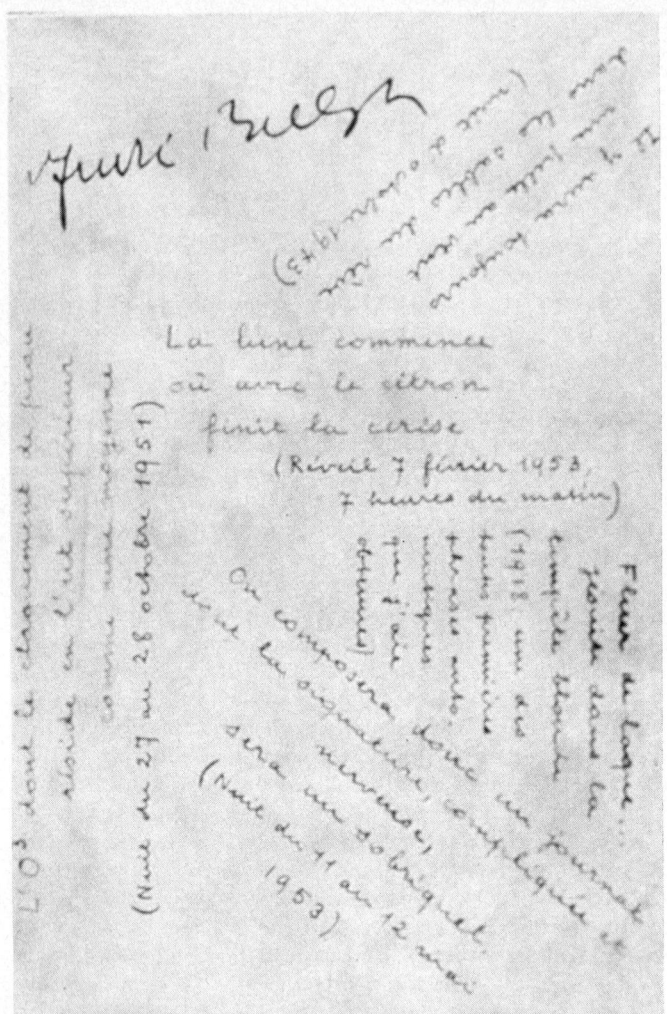

«Die magnetischen Felder». Einband von Devauchelle nach einer farbigen Kalligraphie von Breton

Die wesentliche Voraussetzung hierfür war die Entdeckung des Automatismus. Breton hatte es sich zur Gewohnheit gemacht, seine Aufmerksamkeit passiv auf jene Bewußtseinsinhalte zu lenken, die unmittelbar vor dem Einsetzen des Schlafs wahrnehmbar werden. *Eines Abends also, vor dem Einschlafen, vernahm ich, so deutlich ausgesprochen, daß es mir unmöglich war, ein Wort daran zu ändern, abgetrennt jedoch vom Klang irgendeiner Stimme, einen recht merkwürdigen Satz; er hatte keinen Bezug zu irgendwelchen Geschehnissen, in die ich nach bestem Gewissen zu diesem Zeitpunkt verwickelt war, es war ein Satz; der mir eindringlich erschien, ein Satz, möchte ich sagen, der ans Fenster klopfte. Rasch nahm ich davon Kenntnis und wollte es dabei belassen, als mich sein organischer Aufbau stutzig machte. Dieser Satz setzte mich wirklich in Erstaunen: ich habe ihn leider nicht bis heute behalten können, er lautete etwa so: «Da ist ein Mann, der vom Fenster entzweigeschnitten wird», doch war es durchaus eindeutig gemeint, da er von der schwachen bildhaften Vorstellung eines gehenden Mannes begleitet war, der in der Mitte senkrecht zu seiner Körperachse von einem Fenster durchschnitten wurde. Ohne Zweifel handelte es sich einfach um die aufrechte Stellung eines Mannes, der sich aus dem Fenster gelehnt hat. Da aber dieses Fenster die räumliche Veränderung des Mannes mitgemacht hatte, wurde mir klar, daß ich es hier mit einem Bild ziemlich seltener Art zu tun hatte, und sogleich hatte ich keinen anderen Gedanken, als es meinen poetischen Baumaterialien einzuverleiben. Kaum hatte ich es derart aufgezeichnet, als es auch schon von einer fast ununterbrochenen Reihe von Sätzen abgelöst wurde, die mich kaum weniger überraschten und mir den Eindruck einer solchen Willkürlichkeit vermittelten, daß die Selbstkontrolle, mit der ich bis zu diesem Tag gelebt hatte, mir illusorisch erschien...*[72]

Dieses Erlebnis führte Breton zu einem poetischen Verfahren, bei dem subjektive Kontrolle und Auswahl des Dichters keinerlei bewußte Rolle mehr spielen. *Ich beschäftigte mich damals noch eingehend mit Freud und war mit seinen Untersuchungsmethoden vertraut, die ich im Kriege gelegentlich selbst bei Kranken hatte anwenden können, und beschloß nun, von mir selbst das zu erreichen, was man von ihnen haben wollte: nämlich einen so rasch wie möglich fließenden Monolog, der dem kritischen Verstand des Subjekts in keiner Weise unterliegt, der sich infolgedessen keinerlei Zurückhaltung auferlegt und der so weit wie nur möglich gesprochener Gedanke wäre. Ich hatte den Eindruck, und ich habe ihn noch – die Art, in der mir der Satz vom zerschnittenen Mann gekommen war, beweist es –, daß das Tempo des Denkstroms nicht größer ist als das des Redestroms und daß das Denken nicht unbedingt die Zunge oder gar die Feder am Mitkommen hindert.*[73] Was auf diese Art ans Tageslicht gefördert wird, zeichnet sich *vor allem durch einen sehr hohen Grad von unmittelbarer Absurdität aus, wobei das Spezifische dieser Absurdität sich bei näherem Hinsehen als Platzmachen erweist für alles nur Zulässige, auf der Welt Gültige: die Ausbreitung einer gewissen Zahl von Eigenschaften und Tatsachen – die schließlich genauso objektiv sind wie die anderen*[74]. Die Tatsache, die sich im scheinbar Absurden als allegorisches Bild ausbreitete, der vom Fenster in der Mitte geschnittene Mann, entspricht der Situation des Men-

«Die Pagurus sagt». Gedicht in Bretons Handschrift

schen, wie Breton sie in diesem Augenblick erfuhr: Er hat Anteil an zwei
Sphären, einer bewußten und einer unbewußten, der Realität seiner konventionellen Subjektivität und einer tieferen, weitergehenderen, die aber
im Dunkel liegt.

Breton, der *als Maler... dieser visuellen Erscheinung zweifellos den
Vorzug*[75] vor dem Wort gegeben hätte, dachte im Zusammenhang mit
dem Bild seines Satzes an eine Aussage Pierre Reverdys, die jener im

März 1918 in «Nord-Sud» veröffentlicht hatte: «Das Bild ist eine reine Schöpfung des Geistes. – Es kann nicht aus einem Vergleich entstehen, vielmehr aus der Annäherung von zwei mehr oder weniger voneinander entfernten Wirklichkeiten. – Je entfernter und je genauer die Beziehungen der einander angenäherten Wirklichkeiten sind, um so stärker ist das Bild – um so mehr emotionale Wirkung und poetische Realität besitzt es...»[76] Reverdy bot Breton den Schlüssel zum Verständnis für das, was ihm widerfuhr: Die aus dem Unbewußten hervorquellenden Wörter verdichten sich zu einem Bild. Dieses geht jedoch über die Abbildung konventioneller Wirklichkeit hinaus, indem es die innige Verschmelzung zweier oder mehrerer konventioneller Bilder ist, die in ihrer scheinbar absurden Paarung eine andere Dimension der Realität offenbar machen. Das so entstehende – später surrealistisch genannte – Bild ist kein bewußt gesetztes Symbol, sondern ein Bedeutungsträger, der auch dem Hervorbringenden selbst eine ihm bis dahin unbekannte und sein Bewußtsein intensivierende Botschaft erschließt. Die von den unkontrollierten Wörtern gefügte Verbindung von Mann und Fenster gilt nicht als bloßes Zufallsprodukt eines abstrusen Phantasierens. Sie wird als Ausdruck einer neuen (oder neu erfaßten) objektiven Gegebenheit gewertet.

Breton berichtete Philippe Soupault von seinen Erfahrungen mit dem automatischen Schreiben. Gemeinsam begannen die beiden Freunde mit diesbezüglichen Experimenten, *voller Verachtung für das, was dabei literarisch herauskommen würde. Die Leichtigkeit der Ausführung tat das ihre. Am Ende des ersten Tages konnten wir uns um die fünfzig so gewonnene Seiten vorlesen und unsere Ergebnisse vergleichen.*[77] Nach acht bis vierzehn Tagen war auf diese Weise eine Reihe von Texten entstanden, die 1920 in Buchform als *Die magnetischen Felder* erschien. Vorab wurden sie auf Anregung Aragons von Oktober bis Dezember 1919 in *Littérature* abgedruckt. Schon der Titel der Sammlung war ein wichtiger Hinweis: Wie eine Kompaßnadel auf dem Magnetfeld nicht mehr berechenbar eine bestimmte Richtung anzeigt, wird durch die Abwesenheit der bewußten Kontrolle beim automatischen Schreiben ein Text ohne Vorgabe der Richtung produziert. Die Grundidee des surrealistischen poetischen Bildes erfuhr in diesem Fall noch dadurch eine Steigerung, daß die verschmelzenden Elemente aus dem Unbewußten zweier Personen kamen. Unterschiedliche Sprach- und Stilebenen treffen in den *Magnetischen Feldern* aufeinander. Was formal als Lyrik (*Der Pagurus sagt*) oder als Teil eines Reiseromans (*In 80 Tagen*) erscheint, erweist sich im automatischen Text als ein Parodieren derartiger Formen. Diese Wirkung bildete jedoch nicht den eigentlichen Zweck der Übung. Vielmehr ging es um das Beschreiten eines Erkenntniswegs, auf dem sich dann im Blick auf konventionelle Literaturgattungen der parodistische Nebeneffekt ergab. Im bereits zitierten Kapitel *Jahreszeiten* teilt Breton wie sonst in keinem veröffentlichten Text Kindheitserinnerungen mit. Das bezeichnenderweise mit *Schranken* überschriebene Kapitel enthält einen Dialog, zu welchem Breton und Soupault abwechselnd jeweils einen Satz beitrugen. Dabei kommt keine Verständigung auf einer logischen Ebene zustande. Wort- und Bildassoziationen bedingen den Fortlauf des Textes:

– *Man fühlt sich recht wohl auf dieser Seite Ihrer Stimme, aber ich versichere Sie, daß wir auf diese Abstände achten müssen, von denen ich sprach.*
– *Was liegt am Abstand! Ich erinnere mich an diese Reise zu Füßen des Kapitäns und dieses schönen Negers, der uns in der Nähe der Ansiedlung zulächelte. In diesem Land gab es noch das liebe Kind, das Ihre Freundin beweinte, wir haben es verfolgt. Seine Hände waren zerfressen von ich weiß nicht welchem Schmarotzer.*
– *Das war noch ein Unruhstifter. Die Memoiren sind voll von diesen düsteren Verunglückten, die aus alten Zivilisationen zurückkehrten und sich verstohlen in Wassern betrachteten, die sie sorgfältig getrübt hatten.*
– *Die Bäche sind keine Spiegel, man hat seit zehn Jahren viel Besseres gemacht. Ich kann mit einem Stein alle Spiegel der Stadt, in der wir leben, zertrümmern, und die Insekten, winziger als die Schreie des kleinen Kindes, höhlen mit Wollust die Grundmauern der Wolkenkratzer aus.*[78]

Breton kommentierte diese Art des Dialogs als einen von konventionellen Höflichkeitspflichten befreiten, bei welchem auch keinerlei Versuch unternommen wird, sich dem Gesprächspartner aufzudrängen oder ihn zu beeinflussen. Die Situation des Zwiegesprächs dient als Medium zur automatischen Produktion surrealistischer Bilder, wobei sich das Karikieren üblicher Dialoge wiederum als Nebenwirkung einstellt. *Die jeweiligen Aussagen zielen nicht, wie üblich, darauf, eine wenn auch noch so unwichtige These zu entwickeln – sie sind so unbeteiligt wie nur möglich. Was die Antwort, die sie auslösen, betrifft, so läßt sie im allgemeinen die Eigenliebe des Gesprächspartners völlig kalt. Die Worte, die Bilder bieten sich dem, der zuhört, lediglich als Sprungbrett des Geistes an.*[79]

Ausgehend von den Erfahrungen der Dialoge in den *Magnetischen Feldern* verfaßten Breton und Soupault Ende 1919 gemeinsam ein Theaterstück mit dem Titel *Bitte*. Obwohl dieses Stück über weite Strecken den Gesetzen des automatischen Schreibens folgt, weist es doch eine konzipierte Handlung auf und gehorcht klaren Absichten, die vordergründig im Parodieren zu liegen scheinen: Es karikiert Stil und Inhalte des Boulevardtheaters und verschiedene Formen der Literatur. Dahinter stehen jedoch wesentliche Existenz- und Identitätsfragen, zu welchen der Schluß des Stücks den Schlüssel lieferte. 47 Jahre hielten die Autoren diesen von der Veröffentlichung zurück; und anscheinend ist die sodann publizierte Fassung gegenüber der ursprünglichen verändert worden. Es wird berichtet, daß in der Originalversion «die beiden Autoren am Ende des Stücks auf die Bühne kommen sollten, mit Revolvern bewaffnet, um vor den Zuschauern russisches Roulette zu spielen. Verzichteten seine Freunde am Ende nur darauf, weil Aragon, entsetzt, sie anflehte, das nicht zu tun?

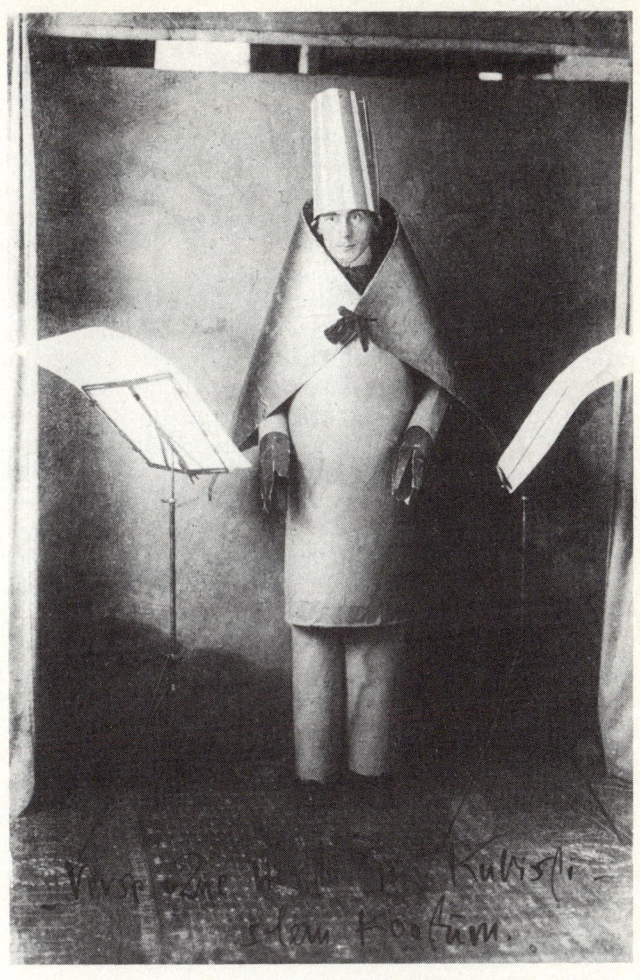

Hugo Ball im kubistischen Kostüm

Auf jeden Fall beschlossen sie, diese wenigen Seiten in eine Schublade zu schließen.»[80]

Dieser zumindest erwogene Schluß des Stücks zeugt von der Gratwanderung, zu der sich Breton und Soupault aufgemacht hatten: In den *Magnetischen Feldern* relativierten die Dichter ihre Rolle als absichtlich schreibende Individuen. Ihr Verhältnis zum Schreiben entsprach dem Lebensverständnis Jacques Vachés, dessen Andenken die *Magnetischen Felder* gewidmet sind: Sie schrieben zwar, doch waren sie als bewußte Subjekte in höchstem Maße unbeteiligt. In *Bitte* gingen sie noch einen Schritt weiter, indem das Subjekt des Autors vollkommen in Frage gestellt wurde: Man war bereit, seine Existenz der Zufälligkeit des russischen Roulettes preiszugeben. Es ist nicht verwunderlich, daß unter solchen Umständen das konstruktive Element des Automatismus vielfach nicht gesehen werden konnte. Vom Blickwinkel des Etablierten überwog der zersetzende Aspekt. Dem Neuen, das Breton und seine Freunde ahnten, mußte die Welt der Konventionen weichen: Es sollte aus ihr befreit werden. So bot sich ihnen eine Strömung als Instrument an, welche die Zerstörung des Bestehenden auf ihre Fahnen geschrieben hatte, der Dadaismus.

Schon 1917 lernte Breton bei Apollinaire die Zeitschrift «Dada» aus Zürich kennen. Dort hatten Hans Arp, Hugo Ball, Richard Huelsenbeck und Tristan Tzara im Jahr zuvor das «Cabaret Voltaire» gegründet. Von hier aus begann der Dadaismus, dessen auf die Zerstörung jedes «Ismus» gerichtete Haltung das Nonsenswort «Dada» anzeigt, seinen Weg in die vom Krieg erschütterten Länder Deutschland und Frankreich. In überkommenen Werten wie Ehre, Vaterland, Moral, Familie, Kunst und Religion sahen die Dadaisten nicht mehr «als ein Skelett leerer, ihrer ursprünglichen Bedeutung beraubter Konventionen» (Tzara). Dada, zunächst Protestbewegung gegen alles Etablierte und damit auch gegen eine Ordnung, die auf der politischen Ebene den Weltkrieg verursacht hatte, entwickelte bald eine Position grundsätzlicher Verneinung, die keinerlei Werte mehr gelten ließ. Aus der Ferne erschien Breton der ihm gleichaltrige Tzara als ein Doppelgänger Vachés.[81] Voller Hoffnung, Tzara könnte den Verlust des Freundes ausgleichen, erwartete er sich von dessen Übersiedlung nach Paris wesentliche Anstöße. Breton, Aragon und Soupault ließen im 13. Heft von *Littérature* ausschließlich Dada zu Wort kommen, und ihre Zeitschrift trat als Veranstalter von Dada-Manifestationen auf, nachdem der Rumäne Tzara endlich in Paris eingetroffen war.

Am 23. Januar 1920 fand eine erste derartige Veranstaltung statt, die den an *Littérature* Orientierten unmißverständlich signalisierte, daß Breton und sein allmählich wachsender Freundeskreis zum offenen Kampf gegen etablierte Kulturwerte angetreten waren. Damit einher ging eine Provokation des an Traditionellem hängenden Publikums: Zunächst ergriff «André Salmon das Wort. Gedichte werden vorgelesen. Das Publikum ist zufrieden. Denn alles in allem hat die Rezitation ein gewisses künstlerisches Niveau. Doch seine Stimmung schlägt bald um. Masken sagen ein völlig zerstückeltes Gedicht von Breton auf. Tzara liest einen Zeitungsartikel, als ob er ein Gedicht wäre. Geläut von Glöckchen und höllisches Rasseln, Schnarren, Klappern untermalen seine Deklamation.

Das Publikum macht nicht mehr mit. Pfiffe gellen. Der Tumult erreicht seinen Höhepunkt, als nun auch noch Gemälde zur Schau gestellt werden, darunter eines von Picabia, ein in seiner Formgebung äußerst skandalöses Bild...»[82]

Um nach diesem Anfangsschock noch Publikum anzulocken, mußte zu besonderen Mitteln gegriffen werden. Zu der Folgeveranstaltung am 5. Februar wurde Charlie Chaplin angekündigt. Doch die deswegen zahlreich erschienenen Zuschauer erlebten statt dessen, wie die Dadaisten ihre Manifeste verlasen. Aragons Manifest zeigt die für Dada so charakteristische Verneinung: «Keine Maler mehr! keine Literaten! keine Komponisten! keine Bildhauer mehr! keine Religionen! keine Republikaner mehr! keine Royalisten! keine Imperialisten! keine Anarchisten mehr!

Umschlagentwurf von Francis Picabia für «Littérature», 1922

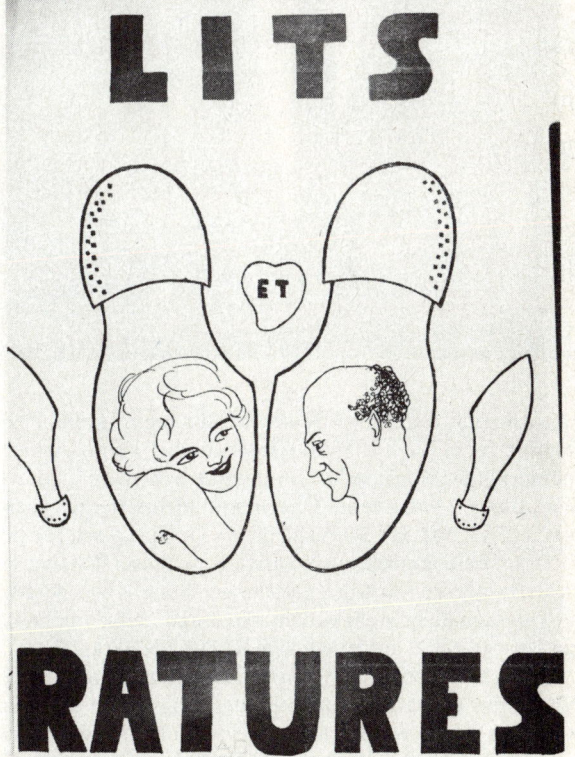

keine Sozialisten! keine Bolschewisten mehr! keine Politiker! keine Proletarier mehr! keine Demokraten mehr! keine Armeen! keine Polizei mehr! keine Vaterländer! Endgültig Schluß mit dem ganzen Quatsch! Weg damit! Mit allem! Überhaupt nichts mehr! Nichts mehr! nichts! NICHTS! NICHTS! NICHTS!» Doch typisch für den Kreis um Breton folgt eine vorsichtige Relativierung dieser Totalverneinung: «So setzt sich dann hoffentlich das ganz, ganz Neue – was gerade dasselbe ist wie das, was wir nicht mehr wollen – so durch, daß es nicht schon von vornherein verrottet und aufdringlich GROTESK wirkt.»[83]

Wie sehr die positive Erwartung des Neuen bei Breton und der absolute Nihilismus Dadas im Auftreten deckungsgleich erscheinen konnten, beweist das zweite von Breton und Soupault verfaßte Stück *Ihr werdet mich vergessen*. Als man es am 27. Mai 1920 bei einer Dada-Veranstaltung auf-

André Breton, Paul Éluard,
Tristan Tzara, Benjamin Péret, 1922

führte, mußte es wie eine Theaterparodie erscheinen, leer an positivem Inhalt, im Grunde sinn- und zwecklos. Wird es jedoch im Zusammenhang mit dem Weg des Automatismus betrachtet, der die Autoren ihre Subjektivität hinterfragen ließ, erhält schon der Titel die Bedeutung einer klaren Anspielung. In diesem kurzen Stück werden Regenschirm und Nähmaschine aus dem poetischen Bild Lautréamonts zu allegorischen Gestalten: *Regenschirm* verkörpert das formende Prinzip, das vor den Einflüssen des Unbewußten abschirmt. *Nähmaschine* steht für den Automatismus. Als weitere Gestalt wird *Morgenrock* eingeführt, dessen verschlafenes Wesen die Konvention symbolisiert. Selbstverständlich verbünden sich *Regenschirm* und *Morgenrock* am Ende gegen den Automatismus. *Sie wird wieder eine Stunde lang reden*[84], befürchten sie nach einer automatischen Satzproduktion von *Nähmaschine* und jagen diese davon. Doch nach dem

47

1921

Abgang von *Nähmaschine* ertönt ein Lied, ein zerstückeltes und verzerrtes Jugendgedicht Bretons, das anzeigt, daß die Zeit des Automatismus angebrochen ist: das Alte und die Form werden zerbrochen. *Regenschirm* wird es kalt und *Morgenrock* kniet zum Gebet nieder.

An die Stelle der Vernichtung des Subjekts, die sich im erwogenen Ende von *Bitte* andeutete, trat in *Ihr werdet mich vergessen* die Zerstörung der alten und formgebundenen Schöpfungen desselben. Zugleich kündigte sich darin ein Sieg des konstruktiven Aspekts des Automatismus über die bloße Zersetzungsabsicht Dadas an. *Regenschirm* Breton, *Morgenrock* Soupault und *Nähmaschine* Éluard waren zwar recht befriedigt, daß ihnen die Uraufführung *ein Bombardement von Eiern, von Tomaten, von Beefsteaks einbrachte, welche die Zuschauer in der Pause eilig holen gegangen waren*[85]. Doch die Dada-Manifestationen häuften sich, und auf die Dauer erschien ihnen das Produzieren von Skandalen um des Skandals willen nicht befriedigend. *Sicher, die Mehrzahl von uns war jung, der Mangel an Perspektive einer solchen Aktivität beunruhigte sie keinesfalls.*[86] Aber der grundsätzliche Unterschied in der Motivation des Kreises um Breton einerseits und Tzaras andererseits trat allmählich zutage. 1921 bestand Bretons Dada-Aktivität zunächst noch im Anbieten absichtlich unsinniger Ausflugs- und Besichtigungstouren in und um Paris, bei welchen der Konsum von Kulturgütern verulkt wurde. Dann entschloß er sich, einen ernsthaften Akzent in das absurde Dada-Treiben zu setzen.

Am 13. Mai 1921 hielt er, veranstaltet von *Littérature*, einen «Prozeß» gegen den Schriftsteller Maurice Barrès (1862–1923) ab. Barrès war einer jener Autoren, die im Krieg das Sterben fürs Vaterland als Wert gepriesen hatten. Gerade weil sie sein Frühwerk durchaus achteten, empfanden die jungen Dichter, denen die Leiden des Kriegs noch deutlich vor Augen standen, daß er sie und sich selbst verraten hätte. Weil er sein Talent für chauvinistische Zwecke geopfert hatte, sollte mit dem Nationalismus auch das Talent selbst als ominöser Wert angeklagt werden. In der von Breton formulierten Anklageschrift heißt es: *Dada ist der Ansicht, daß es für ihn an der Zeit sei, seiner zersetzenden Denkart größeren Nachdruck zu verleihen, indem er diese durch eine Vollzugsgewalt ergänzt. Er ist entschlossen, diesen Exekutivapparat vor allem gegen jene einzusetzen, die sich seiner Diktatur in den Weg stellen könnten. Mit sofortiger Wirkung ergreift er Maßnahmen zur Unterbindung derartigen Widerstands.* Es wird dann festgestellt, daß niemand das Recht habe, sich aus Bequemlichkeit oder Geschäftigkeit dem Mitarbeiten an notwendigen Problemlösungen zu entziehen. Vielmehr bestehe für jedermann die Pflicht, dasjenige in sich zur Entfaltung zu bringen, was er an Einzigartigem besitze. Als strafbares Vergehen wird zudem angeführt, jugendliche Träume mit der Behauptung abzutun, nur ein in Lebenserfahrung gründendes Verantwortungsbewußtsein befähige zum Planen. Schließlich macht sich ein Mensch *auch dann schuldig, wenn er jene in ihrem Tun behindert, deren Tatkraft revolutionäre Züge aufweist und die vielleicht das, was er als erster lehrte, verwirklichen wollen. Und darum zieht Dada Maurice Barrès des Verbrechens gegen die Sicherheit des Geistes.*[87]

Breton führte den Vorsitz der öffentlichen Verhandlung. Théodore Fraenkel, der mit ihm schon zur selben Schule ging, gleichfalls Medizin studierte und zu den Dadaisten stieß, war einer der «Beisitzer». Aragon und Soupault forderten als «Verteidiger» drastischere Strafen als der

Maurice Barrès.
Fotografiert von Nadar

«Staatsanwalt». Zahlreiche Intellektuelle, die der Dada-Bewegung angehörten oder nahestanden, wurden als «Zeugen» einvernommen. Tumult unter den Zuschauern löste dabei der «Zeuge» Benjamin Péret aus: Der Dichter und lebenslange Freund Bretons, der mit Gasmaske und in deutscher Uniform erschien, provozierte manchen Anwesenden sogar zu Handgreiflichkeiten. Der «Zeuge» Tristan Tzara hatte sich nur sehr widerstrebend zur Teilnahme entschlossen. Er spürte, daß hier trotz des dadaistischen Anstrichs im Grunde Werte vertreten wurden. So versuchte er, der Ernsthaftigkeit des Unternehmens entgegenzuwirken. Bezüglich des Angeklagten, der vor diesem Gericht durch eine Holzpuppe vertreten war, sagte er deshalb zum Vorsitzenden Breton: «Sie stimmen doch mit mir darin überein, Herr Vorsitzender, daß wir alle zusammen bloß eine Bande von widerlichen Typen sind und also der geringfügige graduelle Unterschied zwischen schlimmeren Biestern und weniger widerwärtigen kaum noch ins Gewicht fällt.» Doch Breton ging es trotz der lächerlichen Inszenierung um klare Inhalte. Tzara sah sich von ihm zurechtgewiesen: *Will der Zeuge hier den Vollidioten spielen, oder möchte er es so weit treiben, daß das Gericht ihn in eine geschlossene Anstalt einweisen läßt?* [88]

Die Lösung Bretons und der Angehörigen seiner künftigen Surrealistengruppe vom rein destruktiven Dada war vorgezeichnet. Die Destruk-

Die Dadaisten während des Barrès-Prozesses:
B. Péret, T. Tzara, L. Aragon, P. Dermée, C. Arnauld, T. Fraenkel, P. Soupault,
P. Éluard, F. Picabia, G. Ribemont-Dessaignes, C. Pansaers, A. Breton, E. Faÿ

tion bedeutete ihnen nicht Selbstzweck, sondern lediglich Instrument. In einem Brief an Francis Picabia warf Breton 1952 rückblickend die Frage auf, *ob Dada nicht bestenfalls eine Paillette vom Zen war, die bis zu uns herübergetragen worden ist*[89]. Dieser Vergleich charakterisiert Bretons Verhältnis zum Dadaismus. Von buddhistischen Zen-Meistern wird berichtet, daß sie Buddha-Statuen und heilige Schriften verbrannten. Doch vollzogen sie solche Demonstrationen nicht aus Mißachtung ihrer religiösen Tradition. Vielmehr wollten sie ihren Schülern in einer Schocktherapie die Sinnlosigkeit eines Festhaltens an Formen vor Augen führen. Die Zerstörung der Form diente einer Befreiung ihres Inhalts. Ganz in diesem Sinn hieß es in Aragons oben zitiertem Dada-Manifest, daß das ganz Neue «gerade dasselbe ist wie das, was wir nicht mehr wollen», aber durch den Prozeß der Verneinung seiner Form «nicht schon von vornherein verrottet und aufdringlich GROTESK wirkt». Nicht lebendige Tradition, sondern starre Konvention wurde von den künftigen Surrealisten verneint: In *Ihr werdet mich vergessen* hätte sich *Nähmaschine* gern mit *Regenschirm* zusammengetan, doch der bevorzugte den verschlafenen *Morgenrock*.

In dieser Phase, als sich durch die Begegnung mit dem dadaistischen Nihilismus die eigenen positiven Werte auszuprägen begannen, fielen we-

Simone Breton, 1926. An der Wand: afrikanische Masken und ein Gemälde von Braque

sentliche Entscheidungen in Bretons Leben. Er stellte sich gegen den elterlichen Willen, indem er sein bisher sehr erfolgreiches Medizinstudium aufgab. Materielles Auskommen fand er, da er gemeinsam mit Aragon von dem Sammler Jacques Doucet engagiert wurde, der die beiden als Berater für Kunst und Literaturfragen beschäftigte.

Breton heiratete die Straßburger Bankierstochter Simone Kahn. Mit der späteren Galeristin verband ihn besonders das Interesse an der zeitgenössischen Kunst. Für wenige Jahre nur teilten sie das Leben in den Kreisen der Pariser Avantgarde. Gemeinsam zogen sie in die Rue Fontaine 42, wo auch nach der Trennung und Scheidung von Simone bis an sein Lebensende Bretons Pariser Domizil blieb.

Eher ernüchternd war in dieser Periode des Aufbruchs 1921 ein Besuch bei Sigmund Freud in Wien verlaufen. Breton wollte sich persönlich mit jenem Revolutionär auseinandersetzen, dessen Forschungen dazu beigetragen hatten, daß er den Weg des Automatismus einschlagen konnte. Doch die Begegnung mit dem bürgerlichen Professor, der nicht mit ihm diskutieren wollte, sondern ihn mit höflichen Gemeinplätzen abspeiste, entsprach nicht den Erwartungen Bretons, dessen Enttäuschung sich in einem entsprechenden Artikel niederschlug.[90]

Der Weg zum Surrealen

Das Finden neuer Werte vollzog sich nicht ohne schmerzliche Auseinandersetzungen. Bretons Bewußtsein der Notwendigkeit konstruktiven Wirkens, das sich beim Barrès-Prozeß noch in dadaistischem Gewand präsentiert hatte, führte zur Planung und 1922 zur konkreten Vorbereitung einer großen Veranstaltung: Der *Congrès international pour la détermination des directives et la défense de l'Esprit Moderne* sollte weit über die Grenzen von Bretons eigenem Gesinnungskreis hinaus solche intellektuellen und künstlerischen Bewegungen und Persönlichkeiten zusammenführen, die für eine Veränderung der alten Ordnung waren. Breton schwebte das gemeinsame Erarbeiten von Leitlinien für die Durchsetzung und Verteidigung eines neuen Geistes vor. Von einem Kongreß-Direktorium, dessen Vorsitzender er war, wurden Schriftsteller, bildende Künstler und Musiker aus den verschiedensten Ländern eingeladen. Welche Bandbreite der Begriff des modernen Geistes für Breton hatte, zeigt sich darin, daß er auf die Teilnahme Freuds und die eines Vertreters Lenins hoffte.

Tristan Tzara, auf den selbstverständlich gezählt wurde, lehnte allerdings ein Mitwirken am Kongreß kategorisch ab. Seine Identifikation mit einem Dadaismus, der alles Moderne ebenso wie das Alte verneinte (Tzara: «Der Dadaismus ist nichts Modernes»), konnte mit einem derart zukunftsorientierten Unternehmen nichts anfangen. Intern warf er Breton übermäßige Ernsthaftigkeit vor und verspottete das Kongreßvorhaben. Nach außen wahrte er jedoch durch ein förmliches Schreiben der Absage den Schein grundsätzlicher Solidarität. Breton fühlte sein Projekt, dem er große Bedeutung beimaß, sabotiert. In der Theaterzeitschrift «Comoedia» ließ er am 3. Februar 1922 eine Erklärung mit scharfer persönlicher Kritik an Tzara veröffentlichen. Der Angegriffene wurde nicht namentlich genannt. Da Tzara nicht offen gegen den Kongreß auftrat, umschrieb ihn auch Breton nur als jemanden, der aus Zürich gekommen wäre. Tzara konnte nun Front gegen Breton machen, indem er dessen Äußerung als fremdenfeindlich und nationalistisch wertete und sich getroffen gab. Am 17. Februar 1922 diskutierte eine Versammlung der Pariser Avantgarde den Fall.[91] Zahlreiche ihrer wesentlichen Vertreter, über einhundert insgesamt, unter ihnen Constantin Brancusi, Jean Coc-

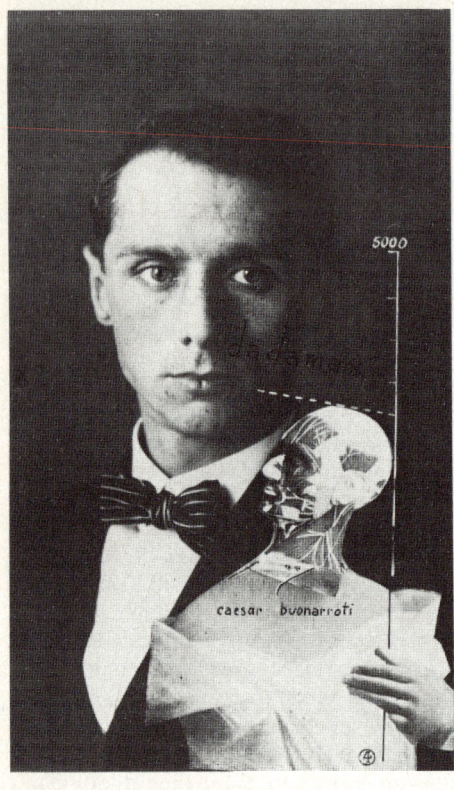

Max Ernst, Selbstporträt: the punching ball ou l'immortalité de buonarotti, 1920; auch: dadafex maximus. Collage auf Fotografie und Gouache. Privatbesitz, Chicago

teau, Henri Matisse und Pablo Picasso, waren erschienen, um Bretons Rechtfertigung zu hören.

Breton gab stets zu, *daß diese Formulierung meinerseits in ärgerlicher Weise zweideutig gewesen ist*[92], bestand aber darauf, daß er nationalistische und fremdenfeindliche Motive absolut nicht kannte und einzig Tzaras Aktivitäten gegen den Kongreß treffen wollte. Trotz Aragons Verteidigung und einem leidenschaftlichen Vermittlungsversuch Soupaults sprach eine Mehrheit Breton und seinem Kongreßvorhaben das Mißtrauen aus. Hierdurch scheiterte das Projekt bereits im Stadium der Vorbereitung.

Tzara, der im März noch ein Heft «Cœur à Barbe» herausgab, dessen Polemik sich gegen Breton richtete, schien mit seiner zersetzenden Absicht gesiegt zu haben. Doch tatsächlich markierte das letztlich durch ihn bedingte Fehlschlagen eines bedeutenden Vorhabens zugleich auch den Anfang des Endes von Dada. Der innere Abstand Bretons und seiner Freunde zu Dada als reiner Verneinung wurde zum äußeren Bruch. Den nun offenen Zwist trug man in aller Emotionalität enttäuschter Freundschaft und im Stil des gemeinsam gegangenen Weges dadaistischer Provokation aus: Knochenbrüche, ein total demoliertes Theater und Polizeieinsatz charakterisieren seinen Höhepunkt im Sommer des folgenden Jahres anläßlich der Aufführung von Tzaras «Cœur à gaż».

Breton hatte Tzara ursprünglich als einen Geistesverwandten Vachés bewundert. Tzara besaß den Humor des toten Freundes und zudem den Vorzug, daß er diesen in aller Öffentlichkeit demonstrierte. Er verkörperte für Breton eine Brücke zwischen der Treue zu Vaché, die ihm verbot, «Pohet» zu werden, und der Perspektive, dennoch als Künstler mit gesellschaftlichem Bezug zu wirken. Tzaras Aktivitäten hatten Breton und seinen Freunden Mut gemacht, sich in die Öffentlichkeit zu wagen, Provokationen und Skandale zu riskieren. Doch die Zusammenarbeit beruhte auf einem Mißverständnis: Tzara war nicht wie Vaché *eine Art des Esseintes der Tat* oder ein *Enkel des Herrn Teste*[93]. Der Dandy ist kein Nihilist! Huysmans und Valéry hatten des Esseintes und Teste zwar aus der realen Welt und Gesellschaft zurückgezogen, doch beide behielten erkennbare Werte im Individualismus ihrer selbstgeschaffenen Gegenwelten. Auch Dada schien überaus individualistisch: Das Ich, das eine Ablehnung aller Dinge und Werte vornimmt, vollzieht damit zugleich seine eigene Erhöhung und setzt sich absolut. Doch daß das Ich von der Welt, der Verneiner somit vom Verneinten abhängig ist, erwies sich als der große Widerspruch des Dadaismus. Denjenigen, die an ihm festhielten, blieb als Konsequenz nur, sich mit der abgelehnten Welt selbst zu verneinen: die Selbsttötung. Ansonsten gab es für Dadaisten den Rückweg in die Welt der Werte: In Paris fanden viele unter ihnen zu Bretons Surrealismus, der auch für Tzara später kurzfristig attraktiv werden sollte.

Breton hatte auf der Schwelle zum Surrealismus im Automatismus eine Möglichkeit entdeckt, mit dem Ich in einer Weise umzugehen, welche seine Stilisierung im Dandytum ebenso unnötig machte wie die Abkehr in eine traumhafte Gegenwelt: Das Ich wurde durch seine Relativierung befreit. Es verstand sich nicht mehr als absolut, sondern als Schnittpunkt von Prozessen des Unbewußten, der Gesellschaft und letztlich der Natur selbst. Der Weg in die Tiefen des Unbewußten, der in den Experimenten mit Soupault auch zu zweit beschritten worden war, hatte das Subjekt nicht nur für sich selbst relativiert. Es sensibilisierte sich damit zugleich für die Gesellschaft, erfuhr eine Sozialisierung neuer, bewußterer Art. Der Plan des Kongresses war ein klares Zeichen dafür. Deutlich tritt damit ein Charakteristikum in Bretons gesamtem Wirken zutage, dessen Vorboten schon in Kindheit und Jugend ausgemacht wurden: Die Erforschung des menschlichen Innenraums und gesellschaftsrelevante Aktionen stehen nicht nur gleichberechtigt nebeneinander, sie bedingen sich gegenseitig.

Dies drückte sich auch in der immer engeren Verbindung der Menschen aus, die nun die surrealistische Gruppe bilden sollten. Breton beschrieb diese Zusammengehörigkeit in der seiner Liebe zu Mittelalterlichem entsprechenden Allegorie von *jenem Schloß, das nicht unbedingt halb verfallen sein muß; dieses Schloß gehört mir... Einige meiner Freunde haben sich hier für immer eingerichtet: da ist Louis Aragon bei der Abreise; er kann Sie gerade noch grüßen; Philippe Soupault erhebt sich mit den Sternen, und Paul Éluard, unser großer Éluard, ist noch nicht zurückgekommen. Und da sind Robert Desnos und Roger Vitrac, die im Park jene alte Verordnung über das Duellieren entziffern; Georges Auric, Jean Paulhan;*

Max Ernst: «Das Rendezvous der Freunde», 1922. Wallraf-Richartz-Museum, Köln

Max Morise, der so gut rudert, und Benjamin Péret bei seinen Vogelglei-chungen; und Joseph Delteil; und Jean Carrive; und Georges Limbour und Georges Limbour (eine ganze Hecke von Georges Limbours); und Marcel Noll; da ist T. Fraenkel, der uns von seinem Fesselballon aus zuwinkt, Georges Malkine, Antonin Artaud, Francis Gérard, Pierre Naville, J.-A. Boiffard, dann Jacques Baron und sein Bruder, schön und herzlich beide, und viele andere noch, und hinreißend schöne Frauen, ungelogen... Fran-cis Picabia besucht uns, und letzte Woche haben wir im Spiegelsaal einen gewissen Marcel Duchamp empfangen, den noch keiner kannte. Picasso geht in der Umgebung auf die Jagd.[94] Mit den Männern seines Alters,

Aragon, Éluard und Soupault, verband ihn dieselbe geistige Herkunft, die aus dem gleichen Suchen kam, und man sah sich als *lebenslange Freunde*[95].

Die Jüngeren blickten vielfach zu Breton auf: Der Herausgeber von *Littérature*, ehemalige Dada-Aktivist, Veranstalter des Barrès-Prozesses und tragische Held des gescheiterten Kongresses von Paris übte keine geringe Anziehungskraft aus. In einem Bericht aus jenen Jahren heißt es über ihn: «Er ist eine der sympathischsten Gestalten aus den Jahrgängen, die nun auf die Dreißig gehen... Sein Auftreten ist das eines Inquisitors. Der Blick ist tragisch verhalten, die Gebärde gemessen. Er ist ein ‹Weiser›. Vielleicht auch ein bißchen wie ein Zauberer aus einem bunten Bilderbogen, einem Märchenbuch. Gleich einem Oscar Wilde beherrscht er mit seiner Faszinationskraft unumschränkt seine Getreuen...»[96] Breton und die älteren in der Gruppe standen ihrerseits bis über die Grenzen der Legalität hinaus zu ihren jüngeren Freunden. So wurde der minderjährige Dichter Jacques Baron nach einem Konflikt mit seinen Eltern, die ihn gegen seinen Willen in ein katholisches Internat zwingen wollten, von André und Simone Breton in deren Wohnung versteckt. Als Breton mit einer polizeilichen Untersuchung rechnen mußte, holte Aragon den jungen Jacques im Schutz der Nacht ab, um ihn unter falschem Namen in einem Hotel unterzubringen, wo er dann durch Spenden der Freunde verköstigt wurde. Erst nachdem sich Barons Vater in Verhandlungen mit der Gruppe bereit erklärte, die Schulwünsche seines Sohnes zu berücksichtigen, kehrte dieser heim.[97]

Nicht grundlos durfte sich Breton im Gleichnis vom Schloß als Herr dieses imaginären Bauwerks sehen. Obgleich die Bausteine zum Schloß des Surrealismus von allen Bewohnern kamen, stand er gleichsam als Architekt im Mittelpunkt. Er hatte die klarste Vision vom Entstehenden, das er künstlerisch ausdrückte, vor allem aber auch theoretisch reflektierte und formulierte. Er besaß die Sensibilität und Ernsthaftigkeit, in dem, was als unbedeutende oder lächerliche Spielerei gelten könnte, Ausdrucksformen einer neuen Weltsicht zu erkennen. Hierin lag zweifellos eine Ursache seiner großen persönlichen Faszinationskraft, die ihn automatisch zum Mittelpunkt werden ließ. Max Ernst, der über Dada zur Gruppe stieß, wo ihn insbesondere eine tiefe Beziehung mit Éluard verband, hielt in seinem 1922 entstandenen Ölgemälde «Das Rendezvous der Freunde» fest: Absichtsvoll wird Breton hier mit der sonst gemiedenen Zahl 13 bezeichnet. Es entspricht dies der Rolle des Tabubrechers, in der er sich sah. Von etwas mächtigerer Gestalt als die anderen Freunde, strebt er in einer dynamischen Bewegung von der rechten Bildhälfte in die noch leere geometrische Mitte des Gruppenbildes. Rechts und links außen zeigt das Gemälde als ersten und letzten in der Zählung zwei junge Angehörige der Gruppe: René Crevel («Nr. 1») und Robert Desnos («Nr. 17»). Es waren diese beiden Persönlichkeiten, die nach der Entdeckung des automatischen Schreibens den nächsten wichtigen Schritt in der Entwicklung Bretons und des Freundeskreises inspirierten. Es begann jene Zeit, die als «Epoche der Schlafzustände» in die Geschichte des Surrealismus einging.

Der 1900 geborene Literat René Crevel regte die Gruppe zu Experimenten an, die der spiritistischen Praxis der Séance entsprachen: Man saß um einen Tisch, auf dem die Hände flach lagen, die kleinen Finger berührten jeweils jene der Nachbarn, und es kam dabei zu jenen Phänomenen, die auch den Spiritisten wohlbekannt sind: Teilnehmer fielen in einen unbewußten Zustand, aus dem heraus sie ohne Kontrolle einer abschätzenden Vernunft redeten und gestikulierten. Freilich entkleidete Breton diese Experimente sofort der spiritistischen Theorie, daß hier die Geister Verstorbener sich des Menschen als Medium für Mitteilungen aus dem Jenseits bedienten. Sie waren ihm vielmehr ein weiterer Zugang zur Erforschung und Freilegung des Unbewußten, ein Beispiel des Automatismus, der frei von der Zensur einer allzu einengenden Vernunft ist. Dieser Kanal schien ein direkterer als jener des automatischen Schreibens zu sein. Zudem hatte er den Vorteil, durch das Ritual des Kreises und der körperlichen Berührung an den Händen den Erfordernissen eines Gruppenvollzugs zu entsprechen.

Durch derartige Experimente und das automatische Schreiben entwickelte sich bei einigen Teilnehmern die Fähigkeit, auch unter Normalbedingungen das kontrollierende Ich zurücktreten zu lassen, um völlig aus dem Unbewußten heraus automatisch zu handeln. Eine besondere Meisterschaft darin hatte Desnos erlangt, der seine Freunde dabei mit außergewöhnlichen Phänomenen konfrontierte. So gelang es ihm in jenem Ausnahmezustand, vollkommen die Persönlichkeit Marcel Duchamps, den er nie zuvor gesehen hatte, darzustellen: *Was als das Unnachahmbarste Duchamps... galt, ist bei Desnos in seiner ganzen Reinheit wieder da und gewinnt plötzlich einen außergewöhnlichen Umfang.* Breton berichtet, wie bei ungezählten Séancen das, was Desnos eröffnete, einen *absoluten Orakelwert* annahm. *Von so vielen Rendezvous, die mir Desnos mit geschlossenen Augen für einen späteren Zeitpunkt mit ihm, mit irgend jemand anderem oder mit mir selbst bestimmt hat, hätte ich noch immer nicht den Mut, ein einziges zu versäumen, gäbe es nicht ein einziges, und sei es an unwahrscheinlichstem Ort und zu unwahrscheinlichster Stunde, bei dem ich nicht sicher wäre, zu finden, was er mir angekündigt hat.* [98]

Wenn durch das Handeln nach den Gesetzen des Automatismus das Annehmen einer anderen, unbekannten, aber tatsächlich existierenden Persönlichkeit als möglich erachtet oder den Aussagen des Mediums die Relevanz eines Orakels beigelegt wird, ist offenbar, daß Breton dem Unbewußten eine größere Bedeutung und Potenz zuschreibt, als dies in der Psychoanalyse Freuds der Fall ist, von der er einst ausgegangen war. Breton gelangte durch diese Experimente zur Auffassung eines unbewußten

Stroms im Individuum, den er als eine Art der Sprache auffaßte: Kontinuierlich spricht es im Menschen, in jedem Menschen, und dieses unbewußte Strömen unterliegt den beobachteten Phänomenen zufolge anderen, weniger beschränkenden Gesetzen als das Normalbewußtsein. In der Schrift *Entrée des médiums*[99] (*Eintritt der Medien*, 1922), in der er erstmals auf die neuen Experimente Bezug nimmt, tritt in diesem Zusammenhang der Begriff vom *universellen Bewußtsein* auf, das sich in jenem unbewußten Strömen spiegelt und durch dessen Diktat zur Grundlage und Inspiration menschlichen Tuns werden kann: *Ich habe immer an der Überzeugung festgehalten, daß nichts von alledem, was gesagt oder getan wird, den geringsten Wert besitzt, wenn es nicht jenem magischen Diktat gehorcht. Hierin liegt das Geheimnis der unwiderstehlichen Anziehung gewisser Wesen, deren einziges Interesse darin besteht, zum Echo dessen geworden zu sein, was man für das universelle Bewußtsein ansehen möchte, oder wenn man so will, einige Wörter, die aus dem ‹Mund im Schatten› fielen, aufgenommen zu haben, ohne strenggenommen den Sinn zu durchdringen.*[100]

Breton schrieb der Psychoanalyse das Ziel zu, *den Menschen aus ihm selbst hervorzutreiben*[101], doch als Wesen dieses unbewußten Menschen, der aus der Tiefe hervorbricht, sah er ein umfassenderes als jenes der psychoanalytischen Theorie. Seine Auseinandersetzung mit spiritistischer und psychologischer Literatur des 19. Jahrhunderts ließ ihn später auf das Werk von F. W. H. Myers (1843–1901) stoßen, wovon der Text *Le Message automatique* (*Die automatische Botschaft*, 1933) zeugt.[102] Myers entwickelt ein Bretons eigenen Erfahrungen entgegenkommendes Menschenbild in spiritualistischem Gewand, indem er beim Individuum eine supraliminale und eine subliminale Ebene unterscheidet. Das supraliminale Bewußtsein entspricht dem normalen Wachzustand des Menschen, während die subliminale Ebene einmal das Erbe der tierischen Vorfahren der Menschheit umfaßt und andererseits in eine überirdische, spirituelle Welt hineinragt. Hier wurzeln nach Myers die sogenannten über- und außersinnlichen Erfahrungen, die zum Beispiel als Hellsicht in einem Menschen aufblitzen. Breton sollte dieses Modell entmythologisieren: Er bedurfte nicht der höheren Sphären eines spiritualistischen Weltbilds, um die Tatsache zu erklären, daß die Fähigkeiten und Möglichkeiten des Menschen weit über sein gewöhnliches empirisches Ich hinausgehen. In jenem unbewußten kontinuierlichen Strom sprach für Breton die Natur selbst in einer unverfälschten und direkten Weise. Die Frage, *ob das Jenseits, das ganze Jenseits in diesem Dasein ist*[103], hat er stets bejaht.

Bevor derartige theoretische Reflexionen einsetzen konnten, trat die «Epoche der Schlafzustände» in eine dramatische Phase. Schon der *unmäßige Gebrauch am Anfang des automatischen Schreibens hatte zur Wirkung gehabt, mich in beunruhigende halluzinatorische Stimmungen zu versetzen, gegen welche ich eilig reagieren mußte*[104]. So traten bei Breton

Phänomene unwillkürlicher Hellsicht auf. *Die magnetischen Felder* enden mit den Worten *Holz & Kohlen*. Nach der Niederschrift dieser Worte konnte Breton auf einem langen Spaziergang mit Soupault das Auftauchen von Holz & Kohle-Läden in jeder beliebigen Straße genau vorhersehen. Es geschah dies durch Visionen der Schnittflächen von Holzscheiten. Schließlich begann ihn die Vorstellung des Scheites auch gegen seinen Willen zu verfolgen. Er sah sich dem Bild machtlos ausgeliefert. *An jenem Tag hatte ich sehr Angst.*[105] Aragon beschrieb rückblickend den durch die Experimente ausgelösten Geisteszustand: «Zunächst meinte jeder von uns, er sei von einer Geistesverwirrung befallen, und suchte dagegen anzukämpfen. Bald stellte sich aber heraus, was es damit für eine Bewandtnis hatte. Wir trieben dahin und alles um uns her lief ab, als hätte unser Geist, nachdem er zu diesem Angelpunkt des Unbewußten durchgestoßen war, nicht mehr die Kraft, die Richtung zu erkennen, in der er sich bewegte. Bildhafte Vorstellungen hielten ungebührlich lange in ihm vor, nahmen feste Gestalt an, verdinglichten sich zu Wirklichkeiten. In sinnlich wahrnehmbarer Kraft machten sie sich bemerkbar. Demgemäß nahmen sie den Charakter von Täuschungen des Gesichtsinns, des Gehörsinns und des Tastsinns an. Es widerfuhr uns die ganze Macht der Bilder. Wir hatten die Kraft, sie willentlich zu handhaben, eingebüßt. Sie herrschten schrankenlos über uns und jagten auf uns dahin, als seien wir ihre Reittiere. Im Bett, im Augenblick des Einschlafens oder mitten auf der Straße gerieten wir, unter allen Anzeichen des Entsetzens und mit weit aufgerissenen Augen, in leibliche Berührung mit den Ausgeburten unserer Phantasie.»[106]

Das empirische Bewußtsein des Menschen erwies sich nicht als bereit, das unbewußte Strömen der Natur in kontinuierlicher Sprache, das sich ihm in Bilder umsetzte, aufzunehmen. Die aufgestoßene Pforte zur umfassenderen Wirklichkeit überschwemmte das begrenzte Ich der Alltagserfahrung mit Inhalten. Zudem zeigte sich dieses Strömen überlagert von verdrängten Tendenzen und Vorstellungen des empirischen Wesens, die nun an das Tageslicht kamen: Triebe, unterdrückte Feindschaftsgefühle oder Todessehnsüchte. Anläßlich eines Experiments, bei dem eine größere Gruppe in diesen unbewußten Ausnahmezustand fiel, war Breton plötzlich *gegen 2 Uhr morgens beunruhigt über das Verschwinden von mehreren unter ihnen. Er entdeckte sie schließlich im fast dunklen Vorzimmer, wo sie, wie durch gemeinsames Übereinkommen und wohl versehen mit dem notwendigen Strick, versuchten, sich an den Kleiderhaken aufzuhängen... Crevel, der unter ihnen war, schien sie dazu angeregt zu haben. Es war notwendig, sie ohne große Schonung zu wecken. Ein anderes Mal, nach einem Abendessen bei Éluard in der Pariser Vorstadtgegend, mußten wir zu mehreren den eingeschlafenen Desnos bändigen, der ein Messer schwingend Éluard im Garten verfolgte. Wie man sehen kann, nahmen unter diesen Bedingungen die Selbstmordgedanken, die bei Crevel in laten-*

tem Zustand vorhanden waren, der dumpfe Haß, den Desnos gegen Éluard hegte, eine äußerst bedenkliche aktive Wendung.[107] Eines Nachts, als es Breton nicht gelingen wollte, Desnos aus einem bedrohlich erscheinenden unbewußten Zustand zu wecken und ein Arzt gerufen wurde, entschloß er sich, derartige Experimente in den Hintergrund treten zu lassen. Das Erfahrene bedurfte der theoretischen Aufarbeitung. Es galt, den Boden konventioneller Wirklichkeit nicht unter den Füßen zu verlieren und vorläufig noch vage Ziele klar ins Auge zu fassen.

1924 sollte zum Jahr dieser grundlegenden Klärungen werden. Breton veröffentlichte das *Manifest des Surrealismus* und gab der Bewegung damit ein Programm. *Littérature* stellte das Erscheinen ein, um «La Révolution surréaliste», dem Forum der neuen Bewegung, Platz zu machen. Und schließlich eröffnete die Gruppe in der Rue de Grenelle 15 ein «Büro

Rue de Grenelle 15, im Dezember 1924. Von links nach rechts, stehend: Charles Baron, Raymond Queneau, Pierre Naville, André Breton, J.-A. Boiffard, Giorgio de Chirico, Roger Vitrac, Paul Éluard, Philippe Soupault, Robert Desnos, Louis Aragon; sitzend: Simone Breton, Max Morise, Mick Soupault

für surrealistische Forschungen». Der Surrealismus war somit definiert und zugleich institutionalisiert.

Das *Manifest* ist ein vielschichtiges literarisches Dokument: Es protokolliert bisherige Erfahrungen der Gruppe, bringt persönliche Bekenntnisse, grundlegende Definitionen, entwickelt Bretons psychologischen und philosophischen Ansatz und läßt ernsthafte Analysen gleichberechtigt neben kritischer Polemik, Witz und Parodie stehen. Im *Manifest* sieht Breton Imagination und Phantasie als Grundelemente wirklicher, nämlich geistiger Freiheit, denn einzig durch sie werden dem Menschen Perspektiven, also Möglichkeiten zur Entwicklung, eröffnet. Jedoch wird die Phantasie einem Nützlichkeitsdenken unterworfen, *und um das zwanzigste Lebensjahr zieht sie es im allgemeinen vor, den Menschen seinem lichtlosen Schicksal zu überlassen* [108]. Der Mensch hat sich einer Herrschaft der Logik ergeben. *Aber die logischen Methoden unserer Zeit wenden sich nur noch der Lösung zweitrangiger Probleme zu. Der nach wie vor führende absolute Rationalismus erlaubt lediglich die Berücksichtigung von Fakten, die eng mit unserer Erfahrung verknüpft sind. Die Ziele der Logik hingegen entgehen uns... Unter dem Banner der Zivilisation, unter dem Vorwand des Fortschritts ist es gelungen, alles aus dem Geist zu verbannen, was zu Recht oder Unrecht als Aberglaube, als Hirngespinst gilt, und jede Art der Wahrheitssuche zu verurteilen, die nicht der gebräuchlichen entspricht.*[109] Dabei blieben Imagination und Phantasie und mit ihnen die Freiheit des Geistes auf der Strecke: Über das empirische Wesen des Menschen und normale Alltagswirklichkeit hinausweisende Wahlmöglichkeiten wurden vergessen. *Wenn die Tiefen unseres Geistes seltsame Kräfte bergen, die imstande sind, die Oberfläche zu mehren oder gar zu besiegen, so haben wir allen Grund, sie einzufangen, sie zuerst einzufangen und danach, wenn nötig, der Kontrolle unserer Vernunft zu unterwerfen. Auch die analytischen Denker können dabei nur gewinnen.*[110]

Breton bringt das ursprüngliche Denken in den Tiefen des menschlichen Geistes mit dem Traum in Verbindung. In der Traumerfahrung sind die Gesetze von Vernunft und Logik außer Kraft. Der Traum liefert den Menschen seiner inneren Bildwelt aus, dem unbewußten Strömen, und entsprechend ist für Breton alles das am Traum von besonderem Interesse, *was nicht Tagesrest ist*[111]. Der nicht mehr schlafende Mensch ist *vor allem ein Spielball seines Gedächtnisses*[112], das es vorzieht, den Traum zu entwerten. Wenn der Traum näher am ursprünglichen Denken und natürlichen Wesen der Persönlichkeit ist, *warum sollte ich dem Traum nicht zugestehen, was ich zuweilen der Wirklichkeit verweigere, jenen Wert der in sich ruhenden Gewißheit nämlich, der für die Traumspanne ganz und gar nicht von mir geleugnet wird? Warum sollte ich vom Traum-Hinweis nicht noch mehr erwarten als von einem täglich wachsenden Bewußtseinsgrad? Kann nicht auch der Traum zur Lösung grundlegender Lebensfragen dienen?*[113] Gegenüber dieser Aufwertung des Traums erscheint der Wachzustand als bloßes *Interferenz-Phänomen*[114]. Es ist eine periphere Wirklichkeit, entfremdet vom Zentrum ursprünglichen Lebens und Denkens. Zur Lösung der unseligen Zweiteilung der menschlichen Erfahrung gilt es, ein neues Bewußtsein zu erlangen, welches den ursprünglichen Strom des Denkens – wie er im Traum oder automatischem Diktat zum Ausdruck kommt – und die konventionelle Wirklichkeit integriert: *Ich glaube an die künftige Auflösung dieser scheinbar so gegensätzlichen Zustände von Traum und Wirklichkeit in einer Art absoluter Realität, wenn man so sagen kann: Surrealität. Nach ihrer Eroberung strebe ich, sicher, sie nicht zu erreichen, zu unbekümmert jedoch um meinen Tod, um nicht zumindest die Freuden eines solchen Besitzes abzuwägen.*[115] Das *Manifest* propagiert die Erforschung des Träumens und die Wege des Automatismus als Annäherungen an diese neue menschliche Ganzheit, die Surrealität.

Der neue, von Guillaume Apollinaire entlehnte Begriff wird programmatisch definiert: SURREALISMUS, *Subst., m. – reiner psychischer Automatismus, durch den man mündlich oder schriftlich oder auf jede andere Weise den wirklichen Ablauf des Denkens auszudrücken sucht. Denk-Diktat ohne jede Kontrolle durch die Vernunft, jenseits jeder ästhetischen oder ethischen Überlegung... Der Surrealismus beruht auf dem Glauben an die höhere Wirklichkeit gewisser, bis dahin vernachlässigter Assoziationsformen, an die Allmacht des Traumes, das zweckfreie Spiel des Denkens. Er zielt auf die endgültige Zerstörung aller anderen psychischen Mechanismen und will sich zur Lösung der hauptsächlichen Lebensprobleme an ihre Stelle setzen.*[116] Die Abkehr vom Diktat ursprünglichen Lebens und den Botschaften des Traums, welche den Menschen in die Fesseln der Logik zwang, zeigt sich in einem *Haß auf das Wunderbare*[117]. Das *Wunderbare* aber ist die Pforte zum Surrealen. Es offenbart sich im surrealistischen Bild, dem Verschmelzen im konventionellen Denken getrennter Wirklichkeiten zu einer neuen, höheren Wirklichkeit, wie Breton sie in seiner Vision des vom Fenster durchschnittenen Mannes erlebt hatte. Das *Wunderbare* (*Merveilleux*) wird dem Surrealismus darum zum wesentlichen Gradmesser für das Leben und die künstlerische Produktion. *Sagen wir es geradeheraus: das Wunderbare ist immer schön, gleich, welches Wunderbare schön ist, es ist sogar nur das Wunderbare schön.*[118]

Die Bewegung erließ Aufrufe: Im «Büro für surrealistische Forschungen» sollten sich jene einfinden, die das Wunderbare erträumten. Träger verrückter Ideen, Unzufriedene, «Spinner» aller Art waren willkommen. Deren Gedanken und Träume wollte die Gruppe als Ausdruck des unbewußten Strömens im Menschen festhalten. «In der Rue de Grenelle 15 haben wir ein romantisches Asyl für alle jene Ideen, die sich jeder Einordnung in landläufige Kategorien widersetzen, und alle verbissenen Revolten eingerichtet. Alles, was in dieser verzweifelten Welt noch an Hoffnung übrig geblieben ist, richtet seine letzten verzückten Blicke auf unseren armseligen Laden: Eine neue Erklärung der Menschenrechte muß irgendwie auf die Beine gebracht werden, das ist das Ziel.»[119] Auch die von den Gruppenmitgliedern Pierre Naville und Benjamin Péret redigierte Zeitschrift «La Révolution surréaliste» fordert auf ihrer Titelseite eine neue Erklärung der Menschenrechte. Die erste Ausgabe zeugt vom Aufbruchgeist, der die Surrealisten erfaßt hatte: «Der Surrealismus will nicht eine Ideologie sein. Es ist unmöglich, aus gewissen Ideen, an denen er derzeit festhält, vorherzusagen, wie er sich weiterentwickeln wird. Die erste Nummer von ‹La Révolution surréaliste› verkündet kein zukunftweisendes, endgültiges Programm. Sie druckt nur Texte, die bei automatischem Niederschreiben herauskamen, und Protokolle von Träumen ab, veröffentlicht aber noch keinerlei Ergebnisse von Umfragen, Untersuchungen, Experimenten oder sonstigen Arbeiten: Man muß abwarten, was die Zukunft bringt.»[120]

Der objektive Zufall

Nicht nur durch Aufrufe und die neue Zeitschrift machten die Surrealisten von sich reden. Die einseitig auf logischen Verstand vertrauende Gesellschaft, die sie zuvor in den Krieg geschickt hatte, sollte sehen, daß diese Gruppe nicht nur schlief und träumte, sondern einen die herrschenden Verhältnisse ändernden Gebrauch von Traum und Automatismus anstrebte. Die Befreiung des Menschen aus sich selbst, die sie durch ihre Experimente verwirklichen wollte, müßte zugleich zu einer Befreiung auf allen Ebenen führen. *Einzig das Wort Freiheit vermag mich noch zu begeistern* [121], heißt es im *Manifest*. Die soziale Realität mit Elementen wie Nationalismus und Kolonialismus sollte ihre Verachtung spüren.

Es kam zu Skandalen, die jene der Dada-Zeit durchaus übertrafen. So gelangten die Surrealisten in aller Munde durch eine Provokation, die sich gegen eine Symbolfigur der französischen Kultur richtete: Anatole France. Dieser von allen Lagern des etablierten Frankreich geachtete Schriftsteller war 1924 gestorben. Die Surrealisten nahmen das zum Anlaß, ihn als Stellvertreter all dessen zu würdigen, was sie ablehnten. Sie richteten den Verstorbenen und damit zugleich diejenigen, die offiziell um ihn trauerten, durch ihren Beitrag zum allgemeinen Gedenken, die Flugschrift *Un Cadavre* (*Ein Leichnam*). «Haben Sie schon einmal eine Leiche geohrfeigt?» fragt Louis Aragon zur Einleitung seiner darin enthaltenen Schmähung von Anatole France. Breton schlägt vor, den Leichnam in einer Kiste in die Seine zu schleifen, damit France nicht auch noch als Toter Staub machen könnte. Die öffentliche Empörung hierüber war beträchtlich. Aragon und Breton verloren ihre Stellung bei Jacques Doucet, und man forderte Breton sogar zum Duell. Die neue Bewegung hatte damit einen medienwirksamen Start. Auch wenn die Zeitungen nach jedem ihrer Skandale meinten, daß man die Aktionen dieser jungen Leute eigentlich nicht mehr beachten sollte, berichteten sie doch dankbar über ihre Provokationen der Öffentlickeit.

Der vielleicht schillerndste ihrer skandalösen Auftritte fand anläßlich eines Festmahls zu Ehren des Symbolisten Saint-Pol-Roux im Juli 1925 statt. Die Surrealisten schätzten diesen Dichter, den Breton schon in früher Jugend verehrt hatte, wegen seiner Bildsprache. Neben Persönlichkeiten der etablierten Kultur waren sie zu diesem offiziellen

Anatole France

Ehrenmahl geladen. Die Schriftstellerin Marguerite Vallette-Eymery (1860–1953), die sich Rachilde nannte, wiederholte hier bei Tisch ihre zuvor schon öffentlich geäußerte Meinung, daß eine Französin keinen Deutschen heiraten dürfe. Dieser laut verkündete Nationalismus war für Breton und seine Freunde zuviel. Er stand auf, um Rachilde darauf aufmerksam zu machen, daß sie seinen anwesenden deutschen Freund Max Ernst mit ihrer Bemerkung beleidigt hätte. Dabei soll Breton der Schriftstellerin seine Serviette ins Gesicht geschleudert haben. Den anderen Surrealisten war diese Empörung ein Signal. «Plötzlich warf jemand eine Tomate. Sie kam in hohem Bogen und zerspritzte ausgerechnet auf dem Frack eines Würdenträgers, während allenthalben ‹Es lebe Deutschland› gebrüllt wurde. Ein allgemeines Durcheinander bricht aus und entartet bald in eine Schlägerei. Philippe Soupault springt an den Kronleuchter, hängt sich daran, schwingt damit über der Tafel hin und her und stößt mit dem Fuß Geschirr und Flaschen um.»[122] Der später als Ethnologe bekannte Michel Leiris, damals aktives Mitglied der Gruppe, öffnete ein Fenster des Lokals am Boulevard Montparnasse. Die Rufe «Es lebe Deutschland!» drangen hinaus, und Leiris schrie schließlich «Nieder mit Frankreich!» auf die Straße. Eine wütende Menge versammelte sich vor dem Lokal, wo die Schlägerei weiterging, bis ein Polizeieinsatz sie beendete.

Mit dem Nationalismus gerieten kolonialistische Ideen und deren Auswirkungen ins Kreuzfeuer surrealistischer Kritik. Der Marokko-Krieg 1925 führte zu einer Solidarisierung der Gruppe mit den Freiheitsbestrebungen Abd el Krims. In Frankreich brachte sie dies in Verbindung mit Intellektuellen der Linken, die sich entschieden gegen diesen Krieg wandten. Diskussionen und das Erwägen gemeinsamer Aktionen führten die Surrealisten zur Einsicht, daß sie in politischen und sozialen Fragen ihren Standpunkt bestimmen müßten. *Angesichts der grausamen, empörenden und unvorstellbaren Tatsache des marokkanischen Krieges werden die Surrealisten gezwungen sein, sich zu fragen, was ihre Aktivität denn für eigene und ursprüngliche Kräfte habe ... Diese Aktivität wird uns nötigen, eine scharf umrissene und sich selbst äußerliche Haltung anzunehmen, damit wir all dem, was unsere Kräfte und Mittel überschreitet, die Stirn bieten können. Für unsere Aktivität bricht gerade die Phase des kritischen Debattierens an. Unsere Aktivität fühlt mit einem Male das Bedürfnis, den Graben zu überspringen, der den absoluten Idealismus vom dialektischen Materialismus trennt.*[123] Ins gleiche Jahr fiel Bretons Lektüre von Leo Trotzkis Buch über Lenin. Die Umwälzungen der politischen Revolution erschienen ihm gleich bedeutsam wie jene der psychologischen Revolution Freuds. *Trotzki erinnert sich an Lenin. Und geht in klarer Vernunft über so viele Wirrnisse hinweg, daß es ist, wie wenn ein prachtvolles Gewitter zur Ruhe ginge. Lenin, Trotzki, der bloße Blitzschlag dieser beiden Namen wird wohl abermals zahllose Köpfe in Erstaunen versetzen. Begreifen sie? Begreifen sie nicht?*[124]

Das politische Selbstverständnis des Surrealismus zeigte das Manifest «La Révolution d'abord et toujours» («Die Revolution zuerst und immer»): «Seit über hundert Jahren wird die Menschenwürde zu einem bloßen Tauschwert erniedrigt. Es ist schon ungerecht und ungeheuerlich genug, daß der Besitzlose vom Besitzenden geknechtet wird, aber wenn diese Unterjochung den Rahmen eines einfachen, auszuzahlenden Lohnes überschreitet und z. B. die Form jener Sklaverei annimmt, in der die internationale Hochfinanz die Völker hält, dann ist das eine Ungerechtigkeit, die kein Blutbad je sühnen könnte.»[125] Neben seiner politischen Aussage, die auf nüchterner Betrachtung der sozialen Verhältnisse beruht, zeigt dieses Manifest deutlich, wie die Surrealisten an ihrer traumgeborenen mythischen Sichtweise festhalten: Asien als Symbol einer Gegenwelt zum kranken Europa taucht hier wie in anderen surrealistischen Schriften jener Zeit auf. Wie die Romantiker im Morgenland die Ursprünge der Menschheitskultur vermuteten, ahnen die Surrealisten dort das von ihnen Erstrebte. Auch Bretons *Introduction au discours sur le peu de réalité* beschwört zum Ausklang den Orient. Und «La Révolution surréaliste» Nr. 3 bringt von Antonin Artaud verfaßte Briefe der Gruppe an die Rektoren der europäischen Universitäten und den Papst, in welchen diesen Symbolen westlichen Denkens eine Absage erteilt wird, während Botschaften an die Schulen des Buddha und den Dalai Lama östlichen Geist einladen, im Westen Fuß zu fassen: «Wir sind deine getreuen Diener, o Großer Lama, gib uns, entsende uns deine Erleuchtung in einer Sprache, die unsere verseuchten europäischen Geister begreifen können, und ändere, wenn es nötig ist, unseren Geist, gib uns einen Geist, der ganz diesen vollkommenen Gipfeln zugewandt ist, wo der Geist des Menschen nicht mehr leidet… Denn du weißt wohl, auf welche transparente Befreiung der Seelen, auf welche Freiheit des Geistes im Geist, o annehmbarer Papst, o Papst im wahrhaften Geist, wir anspielen.» Die Projektion surrealistischer Wünsche in den fernen Osten einerseits und ein tatsächliches Erkennen geistiger Verwandtschaften andererseits dürften sich in solchen Aufrufen die Waage halten. Auf eine philosophische Parallele von Surrealismus und Buddhismus, was das Relativieren des Ich angeht, wurde bereits im Zusammenhang mit Octavio Paz' Surrealismus-Rede an der Universität von Mexiko hingewiesen. Gerade bei Breton als dem Theoretiker der Bewegung lassen sich solche Ähnlichkeiten leicht aufspüren.

Der Buddhismus sieht die menschliche Subjektivität nicht als bleibende Identität, sondern als etwas, das sich in kontinuierlichem Strömen von Moment zu Moment als ein Neues konstituiert. Das sich jeweils in der Kontinuität dieses Strömens erlebende Ich besteht nicht aus eigener Substanz, es entsteht bedingt durch andere und anderes. In diesem Sinn betont der Buddhismus die Nicht-Dauer des Ich. Es ist dies auch eine zentrale Erfahrung bei Breton: *Die Zeit ist sicher: schon der Mensch, der ich sein werde, faßt den Menschen, der ich bin, an der Kehle, aber der Mensch, der ich gewesen bin, läßt mich in Frieden*, heißt es 1925 im *Lettre aux voyantes*.[126] Gleichfalls erlebt er das Entstehen des Ich nicht aus sich selbst, sondern in der Begegnung: *Wer bin ich? Wenn ich mich ausnahmsweise auf ein Sprichwort beziehe: warum kommt in der Tat nicht alles darauf an, zu wissen, mit wem ich «umgehe»? Ich gestehe, daß mich dieses Wort verwirrt, denn es sucht zwischen bestimmten Wesen und mir seltenere Beziehungen zu begründen, unausweichlichere, bestürzendere, als ich dachte.*[127] Die das Ich konstituierenden Beziehungen gehören zum eigenen Wesen. Breton stellt fest, *daß die objektiven Äußerun-*

Antonin Artaud

gen meiner Existenz, die ich nämlich für solche halte, mehr oder weniger vorsätzliche Äußerungen, nur der in die Grenzen dieses Lebens eintretende Teil einer Aktivität sind, deren wirkliches Feld mir ganz und gar unbekannt ist [128].

Derartige Ähnlichkeiten ihrer Theorien mit der buddhistischen Lehre der Nicht-Substantialität (Anâtman) haben nicht zu einer intensiveren Auseinandersetzung der Surrealisten mit dem Buddhismus oder außereuropäischer Philosophie geführt. Zwar verraten Artauds Schriften eine Beschäftigung mit tibetischem Buddhismus und Yoga, und Bretons Interesse an außereuropäischer Kunst galt auch dem buddhistischen Kulturkreis. So finden sich in seiner Sammlung später auch tibetische Ojekte. Die Kenntnisnahme außereuropäischer Kulturen blieb aber oberflächlich. Wie man den Dalai Lama als Verbündeten gegen die europäische Vernunft anrief, beschwor man afrikanische Kunst und pries indianische Riten. Doch kam der Surrealismus dabei nie über ein großsprecherisches Propagieren des Fremden hinaus. Das andere taugte ihm zur Kritik am abgelehnten Europa, ohne daß er es wirklich kennenlernen wollte. Eigenwillig interpretierte Facetten anderer Kulturen wurden zu Bausteinen des eigenen Systems. Charakteristisch ist in diesem Zusammenhang, daß Bretons spätere Begegnung mit den Hopi-Indianern weniger zu einem

Verständnis für Indianisches als vielmehr zu seinem poetischen Verarbeiten der Lehre Charles Fouriers führte. Beim heftigsten Ablehnen des Abendlandes, trotz aller Beschwörungen asiatischer Weisheit und ursprünglicher Wildheit, blieb der Surrealismus eurozentrisch. Dennoch ist seine Propaganda für den Wert anderer Kulturen nicht wirkungslos geblieben. Das Beharren auf der Überlegenheit der von Europa kolonisierten Völker war als politische Demonstration eine wirkungsvolle Antithese zum Zeitgeist, auch wenn man letztlich nicht verstand, was man lobte. Die lautstarken Hinweise der Surrealisten weckten Interesse. Wohl ist Michel Leiris, der als Surrealist begann, um als Ethnologe ein Spezialist für Zentralafrika zu werden, ein extremes Beispiel. Doch haben viele am Surrealismus orientierte Künstler den Blick in fremde Kulturen gewagt.

Breton war im Jahre 1926 ganz in Paris. Ihn beschäftigte die Frage *Wer bin ich?*. Sein Forschen galt den verborgenen Bezügen zwischen den Wesen, die sich gegenseitig Bedingung ihres Ich sind. Phänomene, die ihm bei seinen Experimenten widerfahren waren, deuteten scheinbar über die Sphäre des logisch Faßbaren, über konventionelle Kausalitätsvorstellungen hinaus: Desnos konnte die Persönlichkeit des ihm unbekannten Duchamp annehmen, konnte sich für Breton sogar über die Zeit erheben, um Prophezeiungen auszusprechen. Auch menschliche Begegnungen, die mit ungewöhnlicher Intensität eintreten, um den normalen und gesteuerten Lauf des Lebens unerklärlich zu unterbrechen, wiesen auf verborgene Beziehungen. Breton spricht von jenem Leben, *wie es sich mir außerhalb seines natürlichen Ablaufs zu verstehen gibt, und insofern, als es sich vorübergehend meinem Einfluß entzieht und mich in eine fast verbotene Welt einführt: die der plötzlichen Annäherungen, der versteinernden Gleichzeitigkeiten, der den Individuen eigentümlichen Spiegelungen, der wie auf einem Klavier angeschlagenen Akkorde, jener Blitze, die sichtbar machen, so sichtbar, als wären sie nicht noch schneller als die anderen*[129]. Es war eine in der Entdeckung des Automatismus angelegte Erfahrung, daß das bewußte, reflektierte Dasein wie eine stets ihre Gestalt wechselnde Sandbank im unbewußten Strömen auftaucht, wobei seine Grenzen zum Ganzen der Natur immer fließend sind. Nun stieg die Ahnung auf, wie Ereignisse dieses Daseins als Offenbarungen des Verborgenen gelesen werden können: *Möglicherweise will das Leben wie eine chiffrierte Botschaft entziffert werden.*[130]

Am 4. Oktober 1926 begegnete Breton in der Rue Lafayette einer Frau namens Nadja. Sein gleichnamiges Buch, schon im Erscheinungsjahr 1928 mehrfach aufgelegt, schildert die Geschichte der sich daraus ergebenden Beziehung und legt seine Gedanken über die Natur einer verborgene Bezüge offenbarenden Begegnung dar. Breton hatte sich am langweiligen Nachmittag – *Ich besitze die Kunst, solche zu verbringen*[131] – in der kommunistischen Buchhandlung das jüngste Werk Trotzkis gekauft und beobachtete nun die Menschen, die sich nach der Arbeit auf dem Heimweg befanden. *Plötzlich, sie ist vielleicht noch zehn Schritte von mir entfernt und kommt in entgegengesetzter Richtung, sehe ich eine junge, sehr ärmlich gekleidete Frau, und sie sieht mich ebenfalls oder hat mich gesehen. Im Gegensatz zu allen anderen Passanten geht sie mit erhobenem Kopf.* [132] Wie selbstverständlich mußte Breton diese Frau ansprechen und kennenlernen. Sie erschien ihm als Grenzgängerin zwischen Traum und Wirklichkeit, in Imaginationen und Visionen lebend und auf unerklärliche Weise auf bestimmte Menschen zwingende Wirkung ausübend. Nach dem ersten Gespräch antwortete sie auf seine Frage *Wer sind Sie?*: «Ich bin die wandernde Seele.» [133]

Breton und Nadja verabredeten erneute Treffen, doch hätte es keiner Absprachen mehr bedurft. Sie trafen einander, als sei dies unabwendbar notwendig, auch an unvorhersehbaren Orten stets wieder: *Gegen die Gewohnheit gehe ich auf dem rechten Trottoir der Rue de la Chaussée d'Antin.*

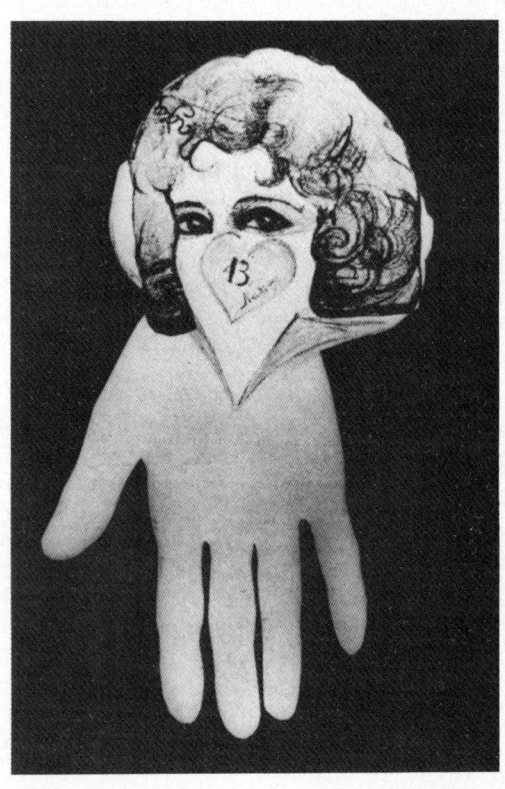

Nadja. Porträtzeichnung

Ich schicke mich an, den Passanten auszuweichen, und unter den ersten ist Nadja... Es zeigt sich, daß sie ganz unfähig ist, ihre Anwesenheit in dieser Straße zu motivieren.[134] Nadja sah und wußte ohne erkennbaren Grund Dinge aus Bretons Leben und Denken. Ihre Aussagen erhielten in den jeweiligen Situationen den Charakter von Offenbarungen. Die gemeinsamen Unternehmungen und Gespräche lesen sich als Abfolge unglaublicher Zufälle. Visionen, die auf eindrucksvolle Weise ihr vom konventionellen Blickpunkt verrücktes Wirklichkeitserleben zeigen, stehen neben fast komischen Zeugnissen ihrer geheimnisvollen Wirkung auf andere. So beeinflußte Nadja bei einem Essen mit Breton am 10. Oktober den Kellner: *Tatsächlich, die Nachbartische bedient er normal, aber bei uns gießt er den Wein neben die Gläser, und obwohl er unendliche Vorsicht übt, um einen Teller vor uns hinzustellen, stößt er an einen anderen, der zerbricht. Vom Anfang bis zum Ende der Mahlzeit (auch das ist fast unglaublich) zähle ich elf zerbrochene Teller. Jedesmal, wenn er in den Raum tritt, das heißt, wenn er uns gegenüber ist, richtet er die Augen auf Nadja, und ein Schwindel scheint ihn zu ergreifen.*[135]

Nadja ließ für Breton zur lebendigen Erfahrung werden, was er auf der Ebene der Dichtung und Malerei als surrealistisches Bild kannte: Zwei voneinander gewöhnlich getrennte Wirklichkeiten stoßen aufeinander, verschmelzen zu einer neuen, die ein Tor zum Wunderbaren ist, das einen Blick auf verborgene Dimensionen des Lebens gestattet. Die Begegnung beider war ein Zusammentreffen dieser Art, scheinbar zufällig und doch erfüllt von verborgenem Sinn. Ihm erschien Nadja, um *das ganze Verlangen nach dem Wunderbaren auf sich zu konzentrieren*[136]. Sie entdeckte in ihm ein Wesen, das Macht über sie ausübte. Am dritten Tag des Kennens sprach sie aus, *daß ich ihre Gedanken und ihr Tun lenke wie ich will, mehr als ich meine, daß ich es will. Sie fleht mich an, dieses Mittel nicht gegen sie zu verwenden.*[137] Von Beginn an war es Breton selbstverständlich, daß diese Begegnung endlich sein müßte. Der Bann verging. *Vom ersten bis zum letzten Tag habe ich Nadja für einen ungebundenen Geist, für etwas wie eine jener Luftgenien gehalten, die sich durch eine gewisse Magie für einen Augenblick binden können, die man sich aber fraglos nicht unterordnen könnte.*[138] Auch Liebe konnte aus dieser Begegnung nicht werden. Obwohl ihn anhaltend ihre Art faszinierte, *sich nach nichts zu richten als der reinen Intuition und ununterbrochen an das Wunder zu glauben*[139], empfand er doch als Mangel, daß es zwischen ihnen keine Verständigung darüber gab, *wie die einfachen Existenzfragen ins Auge zu fassen seien. Sie hatte sich ein für allemal dafür entschieden, darauf keinen Wert zu legen, die Zeit nicht zu beachten...*[140] Der Surrealist Breton wollte seinen Anteil an dem, was als normale Realität gilt, nicht verlieren. Nadja dagegen zog es um der anderen Wirklichkeit willen vor, die Welt der Konventionen zu verlassen. *Vor ein paar Monaten benachrichtigte man mich, daß Nadja wahnsinnig sei. Anscheinend hatte sie sich in den Gängen ihres Hotels*

Überspanntheiten geleistet, in deren Folge sie in die Anstalt von Vaucluse gebracht werden mußte.[141] Breton wurde vorgeworfen, er habe Nadja durch seine Begeisterung für ihre Realitätsferne den Boden unter den Füßen weggezogen. Psychiater forderten seine strafrechtliche Verfolgung und ein Verbot des Buchs, das den Wahnsinn verherrliche. Für Breton selbst gab es zumindest in der Theorie keinen «Wahnsinn». Allenfalls galt ihm eine Welt als irrsinnig, in der ein anders Erlebender «wahnsinnig» genannt wird. *Nadja* enthält scharfe Angriffe auf die Psychiatrie und die Feststellung, daß es zwischen Nicht-Wahnsinn und Wahnsinn keine Grenze gibt.

Nadja durfte Breton zwar durch ihr vom konventionellen Standpunkt Ver-rückt-Sein inspirieren, ihm als Medium der Offenbarung des Wunderbaren dienen. Doch während sie dieses Wunderbare verkörpert, erscheint Breton in seinem Buch trotz aller Betroffenheit eher als passiver Chronist, der Begebenheiten sammelt, nebeneinander stellt und Deutungen versucht. Die Wertung kleinster Vorkommnisse als bedeutsame Offenbarung verborgener Zusammenhänge kann dabei leicht wie Beziehungswahn erscheinen, der den Zeichendeuter zum Opfer der Umstände werden läßt. Breton, der sich in dieser Zeit lautstark zum dialektischen Materialismus bekannte, akzeptierte dennoch ganz selbstverständlich das Argument Max Ernsts, Nadja nicht zu porträtieren: Eine Wahrsagerin hatte Ernst vor der Begegnung mit einer Frau dieses Namens gewarnt.

Das Thema der außergewöhnlichen Begegnung, deren wunderbare Intensität ein Entschlüsseln der chiffrierten Botschaft des Daseins ermöglicht, blieb im Zentrum von Leben und Werk Bretons. Das Individuum kann seine Existenz mit Sinn erfüllen, wenn es offen ist für spontane Offenbarungen, die unvorhergesehen kommen und auf die sich planmäßig zusteuern läßt: *Das Ereignis, von dem ein jeder mit Recht erwartet, daß es ihm den Sinn seines eigenen Lebens offenbart, vielleicht bin ich auf dieses Ereignis noch nicht gestoßen, doch suche ich mich auf dem Weg, der zu ihm führt: jedenfalls wird es nicht mit der Arbeit erkauft.*[142] Das Verschmelzen zweier oder mehrerer nach konventionellem Maßstab unverbundener Wirklichkeiten, das sich in den Bildern des Traums und der automatischen Dichtung anstrengungsfrei vollzieht, geschieht auch ohne Anstrengung in den Vorkommnissen des täglichen Lebens, wenn es gelingt, der Welt in einer Haltung offenen Wartens entgegenzutreten: Plötzlich wird durch diese Bereitschaft ein zuvor ödes Dasein zu einem Mysterium voller geheimnisvoller Gleichzeitigkeiten, scheinbarer Zufälle, aus deren Enträtselung der Einzelne seine Stellung im Ganzen erschließt, um sich aus einer begrenzten Ichheit herauszuheben.

Das Werk Bretons konfrontiert den Leser mit einer Vielzahl solcher Koinzidenzen. *Die kommunizierenden Röhren* (1932) und *L'Amour fou* (1937) nehmen dieses in *Nadja* angelegte Thema auf: Traum und Wachzustand, vom Menschen nur künstlich geschieden, folgen den gleichen Gesetzen, die durch die Kraft der Begierde (*désir*) getragen und erhalten werden. Die imaginären Objekte der Begierde drängen im Traum wie im realen Welterleben zur Vergegenständlichung. Ein kompliziertes *Haargefäßnetz* regelt den *geistigen Stoffwechsel* zwischen dem Daseinsstrom des begehrenden Menschen und dem, was ihm als Außenwelt erscheint. *Funktion dieses Netzes ist es, wie man gesehen hat, den ständigen Austausch zu regeln, der sich innerhalb des Denkens zwischen der Welt draußen und der inneren Welt vollziehen muß und der die unablässige wechselseitige Durchdringung der Wachtätigkeit und der Tätigkeit im Schlafe zur Voraussetzung hat... es ist nicht zu leugnen, daß dieses Gewebe sich über ein ziemlich weites Gebiet hin erstreckt. Dort realisiert sich für den Menschen der dauernde Austausch seiner befriedigten und unbefriedigten Bedürfnisse, dort lädt sich sein Wissensdurst auf, den er – so will es sein Lebensgesetz – beruhigen muß, aber nicht stillen kann.*[143] Jede unvorhersehbare Begegnung oder Gleichzeitigkeit von Ereignissen und damit Verschmelzung von Wirklichkeiten erscheint zwar als Schnittpunkt von zuvor unverbundenen Linien. Doch eine Verbindung über diesen Schnittpunkt hinaus mag bestehen, auch wenn sie nicht ins Feld bewußten Wahrnehmens tritt.

In den *Kommunizierenden Röhren* beschreibt Breton eine beträchtliche Anzahl scheinbarer Zufälligkeiten, die sich zu einer bestimmten Zeit in seinem Leben sinnhaft verdichteten, darunter auch eine Diskussion der Gruppe, zu welcher ein inhaltlich passender Brief am Folgetag aus dem Ausland eintraf. *Eine Kausalbeziehung, sagt man mir, läßt sich auf diese Weise nicht herstellen. Es gibt keinen sinnfälligen Zusammenhang zwischen einem Brief, den Sie aus der Schweiz bekommen, einerseits und andererseits den Problemen, mit denen Sie etwa um die Zeit, da dieser Brief geschrieben wurde, beschäftigt waren. Aber heißt das nicht, bitte sehr, den Begriff der Kausalität unzulässig verabsolutieren? Macht man es sich da nicht doch mit Engels' Worten allzu leicht: «Die Kausalität kann nur im Zusammenhang mit der Kategorie des objektiven Zufalls begriffen werden, die eine Erscheinungsform der Notwendigkeit ist?» Hinzuzufügen wäre, daß die Kausalbeziehung hier, so beunruhigend sie sein mag, wirklich existiert, nicht alleine in Ansehung der universellen Wechselwirkung, sondern noch aus dem einfachen Grunde, daß sie konstatiert wurde.*[144] Bretons erweitertes Kausalitätsverständnis verlagert also die Möglichkeit des ursächlichen Zusammenhangs auch in die Zukunft. Die Koinzidenzen vermögen in bestimmten Punkten die konventionelle Zeiterfahrung aufzuheben, indem sie das begehrende und imaginierende Subjekt mit der objektiven Welt verschmelzen. *Einzig und allein durch den Nachweis, wie eng diese beiden Glieder – Wirklichkeit und Imagination – miteinander verbunden sind, hoffe ich der, wie mir scheint, immer grundloseren Unterscheidung zwischen Subjektivem und Objektivem einen weiteren Stoß ver-*

setzen zu können... Einzig und allein aus der Betrachtung, die sich über diesen Zusammenhang anstellen läßt, möchte ich die Frage ableiten, ob die Idee der Kausalität dabei nicht in Trümmer geht. Die bewußte Erfahrung solcher Koinzidenzen läßt das Leben zur Poesie werden. Lyrik findet dann nicht im Kopf oder auf dem Papier statt, sondern im Alltag. *Lyrisches Verhalten* wird eine Lebenshaltung der Offenheit für den objektiven Zufall. *Einzig und allein schließlich durch die nachdrückliche Betonung der fortwährenden, vollkommenen Koinzidenz zweier bis auf weiteres voneinander gänzlich unabhängig geltenden Reihen von Fakten möchte ich, immer entschiedener, das lyrische Verhalten rechtfertigen und empfehlen, wie es jedem, ob auch nur für eine Stunde in der Liebe, sich aufdrängt und wie es, zu allen möglichen Zwecken der Ahnung und Deutung, der Surrealismus zu systematisieren versucht hat.*[145]

In *L'Amour fou* erzählt Breton, wie er 1934 die Cabaret-Künstlerin und spätere Malerin Jacqueline Lamba, die er im selben Jahr heiratete, kennenlernte. Er fand die Geschichte ihrer Begegnung, an deren Beginn ein nächtlicher Spaziergang durch Paris steht, in seinem 1923 im Band *Clair de Terre* (*Erdenschein*) veröffentlichten automatischen Gedicht *Tournesol* (*Sonnenblume*) wieder. Was er dem Diktat des unbewußten Stroms folgend Jahre zuvor niedergeschrieben hatte, erlangte zu einem späteren Zeitpunkt Sinnerfüllung. Zugleich aber schien ihm die Kraft der Begierde auf das Ziel dieser Begegnung hingesteuert zu haben. Der Mensch schreitet durch einen *Wald der Winke*. Alles, was er dabei wahrnimmt, steht in Beziehung zur Begierde als der motorischen Macht des Da- und Bewußtseins: *... die Aufmerksamkeit ließe sich eher die Handgelenke brechen, als sich auch nur für eine Sekunde dem zuzuwenden, womit die Begierde des Betreffenden nichts zu schaffen hat.*[146] Subjektives Begehren und objektives Geschehen fließen zu jeder Zeit ineinander, die Wirklichkeiten durchdringen sich in mannigfaltiger Weise.

Am 20. Juli 1936 unternahmen André und Jacqueline Breton einen Spaziergang an einem bretonischen Strand. Ihre Stimmung verdüsterte sich scheinbar grundlos, als sie in die Nähe eines einsamen Hauses gelangten. *Dieses Haus, von neuerer Bauart, hatte nichts aufzuweisen, was den Betrachter für seine Abgelegenheit entschädigt hätte. Seine Fenster gingen auf ein größeres Grundstück hinaus, das sich gegen das Meer hin erstreckte und, wie mir schien, von Maschendraht eingezäunt war, was in Anbetracht des äußerst kargen Bodens in solcher Lage eine schaurige Wirkung auf mich ausübte, ohne daß ich mich bei einer näheren Untersuchung dieser Wirkung länger aufgehalten hätte.* Die ganze Stimmung des Weges führte zu einer schweigenden Distanzierung Bretons und seiner Frau voneinander. Er hatte *das panische Verlangen, auf der Stelle umzukehren*[147], ging aber doch weiter. Ohne erkennbaren Grund und spürbare Absicht wurden seine Frau und er einander entfremdet. *Es nützte auch nichts mehr,*

Jacqueline und André Breton in Marseille, Winter 1940/41

einander zu erwarten: *unmöglich, ein Wort zu wechseln, an dem andern vorbeizugehn, ohne den Kopf abzuwenden und den Schritt zu beschleunigen.* Als die beiden Wanderer an einem verlassenen Fort am Meer vorüberkamen, erreichte ihr negativer Zustand einen Höhepunkt. *Ich will hier gleich sagen, daß, sobald dieses Fort erst einmal hinter uns lag und unseren Blicken durch eine neuerliche Felskulisse entzogen war, alles um uns wie in uns sich mehr und mehr zu erhellen begann ... Dann aber war es uns ein leichtes, uns einzugestehen, daß die Qualen, die wir durchlitten*

77

hatten, sich auf nichts gründeten, was in Wirklichkeit unserer Liebe gefähr-lich werden könnte. Insoweit als wir uns getrieben fühlten, vorübergehend aneinander zu zweifeln, mußten wir eine Beute des Wahnsinns gewesen sein.[148] Später erfuhr Breton, wo sie gewesen waren. Im Spannungsfeld von Haus und Fort hatte sich Jahre zuvor ein schreckliches Verbrechen ereignet: Der Sohn des Generalstaatsanwalts von Lorient, ein Fuchszüch-ter, tötete seine Frau mit einem Jagdgewehr, weil sie sich ihm sexuell verweigerte. Die unglückliche Ehe war von den Eltern ohne Rücksicht auf die Neigung der Betroffenen über eine Anzeige angebahnt worden. Das kleine Fort am Meer hatte das Paar beherbergt, während Haus und Fuchsgehege sich im Bau befanden. Im Haus selbst spielte sich dann die Familientragödie ab.

Breton folgerte, daß die an diesem Ort gewesene Wirklichkeit mit sei-ner gegenwärtigen Wirklichkeit auf geheimnisvolle Weise verschmelzen konnte. Es war ihm, *als hätten wir beide, von einem zum andern, die Wir-kungen schädlicher Ausstrahlungen verspürt, solcher Ausstrahlungen, die das Leben der Seele in seinem Ursprung angreifen. Sollte man annehmen, daß dieser Ort durch das Verbrechen verflucht war, oder sollte man das Verbrechen bereits für die Auswirkung eines Fluches halten?* Breton wollte seine Zeit nicht für Nachforschungen dieser Art verschwenden. Für ihn tat sich hier eine wesentliche Frage auf, die er sogleich beantwortete: *Kann der Spiegel der Liebe zwischen zwei Menschen durch Umstände ge-trübt werden, die gänzlich außerhalb der Liebe liegen, und die sich alsbald wieder erhellen, wenn diese Umstände vorüber sind? Ja.*[149] In der Analyse des Vorfalls stieß er auf ein Detail, das ihm als weiterer bedingender Fak-tor des Erlebnisses erschien. Auf den Nachttischen rechts und links vom Bett des Ehepaars Breton lagen bei diesem Aufenthalt in der Bretagne zufällig zwei englische Romane. Ein Freund hatte sie beide mitgegeben, weil er sich wegen der Ähnlichkeit der Titel nicht erinnern konnte, wel-chen er empfehlen wollte, «Die Füchsin» von Mary Webb und «Meine Frau die Füchsin» von David Garnett. Diese Füchse der Romantitel und die Füchse des unglücklichen Paares aus dem Strandhaus – *Kraft welchen Mysteriums gelang es ihnen, sich mit anderen Faktoren zu vereinigen, mit jenem Haus ... um gleichzeitig bei uns beiden einen Gemütszustand her-vorzurufen, der mit unseren wirklichen Gefühlen in völligem Widerspruch stand? Warum hatten gerade diese beiden Bücher uns in die Bretagne be-gleitet? Es ist, als wäre man in solchen Fällen das Opfer eines abgefeimten Komplottes von Mächten, die bis auf weiteres in tiefem Dunkel bleiben.*[150]

Erneut zeigt sich hier die Passivität, die mit Bretons Erfahren des ob-jektiven Zufalls einherging. Die Frage *Wer bin ich?*, die zum Erforschen verborgener Zusammenhänge durch Zeichendeutung geführt hatte, fand schließlich ihre Antwort in einem Lebensgefühl vollkommener Machtlo-sigkeit. Als *Opfer eines abgefeimten Komplottes* konnte sich Breton nicht wirklich als Handelnder oder Gestalter seines Schicksals empfinden. So, wie den Begegnungen mit Nadja nicht auszuweichen war, zwangen jetzt die Ausstrahlungen eines Ortes oder magische Einflüsse eines Buchtitels. Unentrinnbar, wie ein Astrologiegläubiger sein von den Sternen vorgezeichnetes Los erleben mag, erscheint Breton hier als den Umständen ausgeliefert. Obwohl der Surrealismus die totale Befreiung auf seine Fahnen schrieb, stand er in seiner Theorie immer an der Schwelle zum Determinismus. Die Freiheit in der Erfahrung des objektiven Zufalls liegt nicht in einem Aufheben der den Lebensgang bedingenden Umstände, sondern allein in deren Erkennen.

Breton hatte sich, was den Begriff des objektiven Zufalls angeht, auf Friedrich Engels berufen. Mehr als für Marx, der in seinen «Thesen über Feuerbach» die bewußte Veränderung der Umstände durch den Menschen betont, bestimmen für Engels tatsächlich die objektiven Faktoren das subjektive Handeln. Auch die Revolution sieht er nicht als willentliche Leistung des Menschen. Entsprechend heißt es in seinen «Grundsätzen des Kommunismus» von 1847, die Kommunisten «wissen zu gut, daß Revolutionen nicht absichtlich und willkürlich gemacht werden, sondern daß sie überall und zu jeder Zeit die notwendige Folge von Umständen waren, welche vom Willen und der Leitung einzelner Parteien und ganzer Klassen durchaus unabhängig sind». Selbst wenn Engels das Wirken objektiver Faktoren in der Geschichte bedeutender als die subjektiven wertet, hat er doch klare Gesetzmäßigkeiten der Materie und Geschichte im Auge. Der Autor von «Dialektik der Natur» hätte sicher kein Verständnis für das Komplott gehabt, das sich aus der Verbindung der Buchtitel-Füchse mit der ehemaligen Fuchsfarm am Strand ergab.

Der Weg zur Freiheit, die von den Surrealisten im objektiven Zufall erlebt wird, führt zwar über die Erkenntnis der Ohnmacht des Individuums. Dennoch kann er absichtlich beschritten werden. Eine Möglichkeit dazu waren Spiele, die im Leben der Gruppe eine bedeutende Stellung einnahmen. Die Wiederentdeckung eines bekannten Kinderspiels wurde zur Methode der *Köstlichen Leiche* (*Cadavre exquis*), der sich die Surrealisten seit 1925 bedienten. Dabei handelt es sich um ein *Spiel mit gefaltetem Papier. Mehrere Personen machen einen Satz oder eine Zeichnung, ohne daß irgendeiner von der Mittäterschaft des anderen oder von den vorangegangenen Tätigkeiten etwas weiß. Das klassisch gewordene Beispiel, das dem Spiel seinen Namen gegeben hat, ist der erste Satz, der auf diese Weise entstand: «Le cadavre – exquis – boira – le – vin – nouveau»* (*Die köstliche Leiche wird den neuen Wein trinken*). Die auf diese Weise gemeinschaftlich entstandenen Sätze zwingen den objektiven Zufall quasi herbei. Sie haben die Eigenart, *daß sie uns in fremde Gegenden und in Nie-Gesehenes versetzten*[151]. Als in diesem Sinn besonders gelungene Beispiele betrachtete Breton Sätze wie «Das völlig schwarze Licht gebiert Tag und Nacht das machtlose Schweben, zum Tun des Guten» und «Das kleine blutarme Mädchen läßt die eingewachsten Puppen erröten».

Köstliche Leiche. Von Breton, Tzara, Valentine Hugo und Knutson

Auch in der bildenden Kunst bewährte sich die Methode. *Durch den von vornherein bestehenden Wunsch einer Komposition mit menschlichen Figuren bewirken die Zeichnungen, die der Technik der «Köstlichen Leiche» gemäß entstehen, per definitionem einen höchst möglichen Anthropomorphismus und betonen in wunderbarer Weise die lebendigen Beziehungen, die die äußere mit der inneren Welt verbinden.*[152] Wie im Spiel läßt sich die *Offenbarung* (*révélation*) des objektiven Zufalls auch im Leben herbeiführen, wenn man durch die Ahnung getrieben entsprechende Bedingungen herstellt. So zog es Breton zum Beispiel in jener Epoche, in der auch *Nadja* entstand, immer wieder an einen bestimmten Abschnitt des Boulevard Bonne-Nouvelle. *Ich weiß in der Tat nicht, warum mich meine Schritte dorthin tragen, warum ich mich fast immer ohne ein Ziel dorthin begebe, ohne irgend etwas Zwingendes, es sei denn ein dunkles Etwas, ein dunkles Wissen, daß dort das (?) geschehen wird. Ich sehe kaum, was auf dieser schnell durchlaufenen Strecke, selbst ohne mein Wissen, einen Anziehungspunkt bilden könnte, weder im Raum noch in der Zeit.*[153] Breton gab später nicht preis, ob sich auf dem Boulevard schließlich die erhoffte Offenbarung ereignete. Doch demonstriert ein Satz wie dieser die Haltung gewollter Offenheit zum Erkennen des objektiven Zufalls.

Aber nicht nur in den scheinbaren Zufällen örtlicher oder zeitlicher Entsprechungen und entgegen der Konvention verschmolzener Bilder tut sich eine höhere Wirklichkeit, sprich Freiheitserfahrung auf. Alle Arten der Ähnlichkeit und Gleichartigkeit sind Winke. Der Traum vermag es, ungewöhnliche Verbindungen zwischen ähnlich klingenden Worten sowie dem jeweils von ihnen Bezeichneten oder auch zwischen gleichartigen Gestalten herzustellen. Ebenso wie der Traum in diesem Sinn neue Wirklichkeiten an den Menschen heranträgt, tritt ihm in jeder wahrnehmbaren Analogie potentiell eine derart neue Dimension entgegen. Disziplinen, in welchen die Analogie als Ordnungsprinzip auftritt, erlangten so wesentliche Bedeutung: Alchimie, Astrologie, Magie und esoterische Traditionen wurden zu Hauptquellen des Surrealismus.

Bretons Horoskop, von ihm selbst erstellt

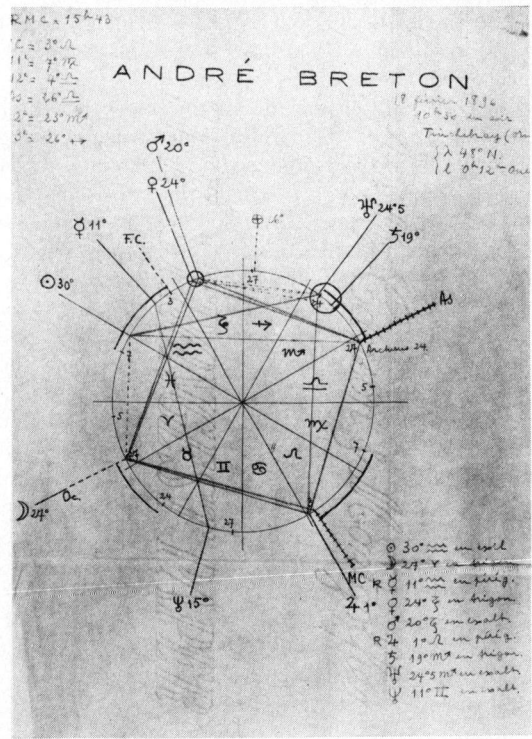

Breton wies bereits in seinem *Zweiten Manifest des Surrealismus* (1930) den Weg ins Okkulte: *Ich fordere die tiefe, wahrhafte Verfinsterung (Occultation) des Surrealismus* [154], lautet einer der Schlüsselsätze. Er plädiert dafür, *ernsthafte Erkundungsgänge zu jenen Wissenschaften zu unternehmen, die heutzutage aus verschiedenen Gründen so gänzlich verschrien sind: unter den alten die Astrologie, unter den modernen die «Psychokinese»* . . . [155]. Breton wurde zum Horoskopsteller, und das *Zweite Manifest* vermerkt die Tatsache, er selbst, Aragon und Éluard seien zu einer Konstellation der Konjunktion von Uranus mit Saturn (1896–98) geboren, die nach dem angeführten Zeugnis eines Astrologen möglicherweise auf wissenschaftlichem Gebiet «eine neue Richtung erzeugt; dieser Planeten-Aspekt könnte, wenn er in einem Horoskop gut placiert ist, der Anlage eines Mannes entsprechen, der denkfähig, scharfsinnig, begabt zur Unabhängigkeit, einen Forscher höchsten Grades abzugeben vermöchte» [156]. Unmittelbar zuvor hatte man erfahren, daß diese Konstellation auch für die «Suche nach dem Geheimnisvollen» steht. Diese gewiß nicht nur ironisch gemeinte Selbststilisierung, in der dem Surrealismus eine quasi kosmische Legitimierung zugesprochen wird, mag leicht albern erscheinen. Doch ist sie ein charakteristisches Zeugnis der Selbsteinschätzung Bretons. In seinem Surrealismus sah er eine Notwendigkeit, die er entsprechend sendungsbewußt verkündete.

Doch keinesfalls nur die Himmelskörper, vor allem ganz irdische Gegenstände wurden für Breton bedeutsam. Zeit seines Lebens war er ein leidenschaftlicher Sammler von Objekten. Ein scheinbar zufällig gefundener Gegenstand (*objet trouvé*), ein Stein oder ein beliebiges Gebrauchsutensil etwa, erhält spontan für seinen Finder oder Entdecker eine besondere Bedeutung, wird ihm zum Träger einer Botschaft. Der Finder sieht sich unmittelbar berührt durch ein Geheimnis, das ihn angeht: Im Gegenstand objektiviert sich seine Begierde (*désir*). *Jegliches Trümmerstück, das sich in Reichweite befindet, muß als chemischer Niederschlag unserer Wünsche angesehen werden* [157], heißt es anläßlich einer surrealistischen Ausstellung von Objekten im Mai 1936.

Die Welt des Menschen erscheint als Landschaft der Winke, in welcher die *Begierde* als innerste Triebfeder stets das Augenmerk auf Objekte, Gegebenheiten und Begegnungen richtet. Im Wunderbaren der Verschmelzung ihrer eigenen mit anderen Wirklichkeiten erfährt die Persönlichkeit ihre Freiheit und ihren Sinn im Deuten der Zeichen: *Wie kommt es, daß Phänomene, die der menschliche Geist nur auf unabhängige Kausalreihen beziehen kann, zu solchem Grade aufeinanderstoßen, daß sie sich vermengen? Wie kommt es, daß der Schein, der aus dieser Verschmelzung resultiert, so lebendig, obwohl so vergänglich ist?* [158]

Die Konfrontation mit diesen Fragen bildet das Leitmotiv aller Aspekte des Surrealismus Bretons.

Das androgyne Paar

Die Erfahrungen des Automatismus hatten gelehrt, daß das verengte Ich nur einen willkürlichen Ausschnitt aus den Möglichkeiten einer umfassenden Ganzheit wahrnimmt. Das Beobachten des objektiven Zufalls hatte Botschaften aus den Bereichen jenseits der Grenzen erkennen lassen und durch deren Deutung Aspekte des Weiteren transparent gemacht. Im *Zweiten Manifest* klingt nun die Idee an, daß es über das Entziffern verschlüsselter Botschaften hinaus einen direkten Zugang zur Erfahrung der größeren Ganzheit gibt. Dazu müßte ein Zustand erreicht werden, der den Gegensatz zwischen begrenztem menschlichem Bewußtsein einerseits und der Natur andererseits aufhebt. Es deutet sich die Hoffnung an, daß von solcher Warte aus auch das *Schreckgespenst des Todes*[159] bloß ein Gleichnis wäre. *Alles läßt uns glauben, daß es einen bestimmten geistigen Standort gibt, von dem aus Leben und Tod, Reales und Imaginäres, Vergangenes und Zukünftiges, Mitteilbares und Nicht-Mitteilbares, Oben und Unten nicht mehr als widersprüchlich empfunden werden. Indessen wird man in den Bemühungen des Surrealismus vergeblich einen anderen Beweggrund suchen als die Hoffnung, eben diesen Standort zu bestimmen.*[160]

Eine seiner Konkretisierungen erfährt dieser Standort bei Breton im Mythos der ursprünglichen Androgynität des Menschen (*l'Androgyne primordial*[161]). Die Wiederherstellung dieses Urzustands, die Verschmelzung männlicher und weiblicher Wirklichkeiten zu einer neuen Dimension erscheint als vollkommenster Ausdruck der Entgrenzung des Ich. Aus der Liebe zwischen Mann und Frau ergibt sich für Breton darum die tatsächliche Qualität eines Lebens: *Die Erleuchtungen und die Verfinsterungen der Natur, daß sie mir dient oder daß sie den Dienst mir verweigert, alles dies hängt davon ab, ob die Flammen eines Feuers für mich sich heben oder senken, welches die Liebe ist, die einzige Liebe, die eines Menschen. Wo diese Liebe fehlte, da erfuhr ich den wahrhaft leeren Himmel, das haltlose Treiben alles dessen, was ich ergreifen wollte, auf dem Toten Meer, die blütenlose Wüste.*[162]

So wird das Thema der vollkommenen, totalen und verrückten Liebe (*l'amour fou*) zu einem der wichtigsten des Surrealismus. Dem Verlangen nach dem einen Menschen und der Absicht, mit ihm die vollkommene

Liebe zu schaffen, darf kein anderes Ziel widerstreiten. Der *Verzicht auf Liebe – ob er sich auf ideologische Vorwände beruft oder nicht – ist eines der seltenen unsühnbaren Verbrechen.*[163]

Wenn Breton nicht eine Frau liebte, suchte er sie. Insbesondere *Nadja, Die kommunizierenden Röhren, L'Amour fou* und *Arcane 17* (1944) zeugen davon. *Nadja* markiert die Loslösung Bretons von seiner Ehefrau Simone. Dauernde Liebe konnte aus der Beziehung mit der Heldin des Buchs nicht werden. Trotz seiner Faszination von ihr und ihrem Empfinden seiner Macht über sie lebten beide in getrennten Wirklichkeiten. Doch ließ ihn die Begegnung etwas von der Kompromißlosigkeit der Liebe ahnen: Auf einer abendlichen Autofahrt von Versailles nach Paris preßte Nadja Bretons Fuß auf den Gashebel und legte ihm ihre Hände vor die Augen. Sie wollte, *daß wir im Vergessen, das ein endloser Kuß gewährt, und zweifellos für alle Ewigkeit nur mehr einer für den anderen existierten und so in voller Fahrt auf die Bäume zusteuerten. Welch eine Probe für die Liebe, in der Tat!* Nadja hatte ihm dadurch gezeigt, *wozu in diesem Augenblick ein gemeinsames Bejahen der Liebe verlockt hätte. Immer weniger fühle ich mich imstande, einer solchen Versuchung in allen Fällen zu widerstehen.* Er erkannte *fast die Notwendigkeit dieser Versuchung: An der äußersten Kraft der Herausforderung nämlich werden sich immer gewisse seltene Wesen erkennen, die voneinander und füreinander alles erwarten und alles fürchten können.* Für ihn, der sich im Geiste *oft mit verbundenen Augen am Steuer dieses wilden Wagens* befand, kam *auf dem Gebiet der Liebe nur in Frage, unter allen erforderlichen Bedingungen, jene nächtliche Fahrt wiederaufzunehmen.*[164]

Am Ende von *Nadja* erscheint Breton als Liebender, der eine neue Partnerin in seinem Leben begrüßt: *Du, die lebendigste Kreatur, die du anscheinend nur deshalb mir auf den Weg gestellt wurdest, damit ich in ihrer ganzen Härte die Kraft erfahre, die du in dir selbst nicht empfinden kannst. Du, die du das Böse nur vom Hörensagen kennst. Du, gewiß ganz vollendet schön.*[165]

Nadja wird wie alle Frauen, die ihm etwas bedeuteten, zu einer Gestalt seines *Vorgefühls* in einer Reihenfolge des *Vertauschens* von Partnerinnen, die ihm wie notwendig auf das eine geliebte Wesen hinauszulaufen scheint. *Alles, was ich weiß, ist, daß diese Vertauschung von Personen mit dir ein Ende nimmt, denn dich kann nichts ersetzen, und daß bei dir von aller Ewigkeit her diese Reihenfolge schrecklicher oder bezaubernder Rätsel für mich aufhören sollte.*[166]

Aber die Vertauschungen gingen weiter. Die leibhaftige Frau als konkretes Gegenüber wurde wieder zum Rätsel, das den Anspruch, endgültig gefunden zu haben, zunichte machte. Das Zerbrechen einer Beziehung, die vollkommene Liebe hätte sein sollen, wird für Breton zur größten Tragik des Menschen. Als er 1931 von der Geliebten Suzanne Berl verlassen wurde, begann eine Phase tiefer Niedergeschlagenheit. *Es ging dabei um jene Idee von der ausschließlichen, gegenseitigen Liebe, die allen Widerständen zum Trotz ihre Wirklichkeit erweisen sollte; diese Idee hatte ich mir in meiner Jugend gebildet, und alle, die mich näher kennen, werden bestätigen, daß ich an ihr mit der Energie der Verzweiflung festhielt, auch wenn sie vielleicht nicht mehr zu verteidigen war. Ich mußte mich damit abfinden, nicht mehr zu wissen, wie es dieser Frau erging, wie es ihr ergehen würde; es war grausam, es war irrsinnig.*[167] Durch den Verlust des Geliebten wird das nach Entgrenzung strebende Ich wieder in die Vereinzelung geworfen.

Indem sie das zuvor isolierte Ich seiner Grenzen enthebt, wird die Liebe in *L'Amour fou* zum *grundlegenden Prinzip des sittlichen wie des kulturellen Fortschritts*[168]. Breton zitiert Freud, nach dem die geschlechtliche Liebe «die Massenbindungen der Rasse, nationalen Absonderungen und der Klassenordnung durchbricht und damit kulturell wichtige Leistungen vollbringt». Friedrich Engels' Untersuchungen zum «Ursprung der Familie, des Privateigentums und des Staats» dienen als Beleg, daß die Monogamie nach erfolgter sozialer Revolution keinesfalls verschwinden würde, um *ungeordneten* Geschlechtsbeziehungen Platz zu machen. Vielmehr könnte die Abschaffung ökonomischer Zwänge die Monogamie als höchste Form der Geschlechtsliebe erst vollends in Erscheinung treten lassen.

Obwohl die ökonomischen Verhältnisse die Möglichkeiten der vollkommenen Liebe mehr behinderten als förderten, suchte Breton ihre Schönheit *am Grunde des menschlichen Tiegels, in jenem paradoxen Bereich, wo die Verschmelzung zweier Wesen, die einander wirklich erwählt haben, allen Dingen die verlorenen Farben der Zeitenfrühe unter andren Sonnen zurückerstattet*[169]. Auch wenn er den alchimistischen Akt einer solchen Verschmelzung schon gekommen sah, wo die Vertauschungen doch andauerten, ahnte er in jeder Liebesbeziehung die Station eines sinnhaften Stufenwegs zur vollkommenen Erfüllung. Pries er in *Nadja* die neue Geliebte noch, daß sie ihm die Gestalten seines Vorgefühls *verdeckt*[170] hatte, erkennt er in *L'Amour fou* die Reihenfolge der Partnerinnen als Weg: *Es könnte doch sein, daß in diesem Bereich das Spiel von Vertauschungen von einer Person zur anderen, ja zu mehreren anderen, darauf hinausläuft, die körperliche Erscheinung des geliebten Wesens von Mal zu Mal nachdrücklicher zu rechtfertigen, eben in dem Maße, als das Verlangen sich mehr und mehr subjektiviert. Das geliebte Wesen wäre dann jenes, in dem eine gewisse Anzahl besonderer, vor allen anderen als anziehend empfundener Eigenschaften zusammenkäme, die man vorher einzeln, nacheinander bei anderen bis zu einem gewissen Grade geliebten Personen geschätzt hat.*[171]

Derartige Äußerungen Bretons können als eine Abwertung des vermeintlich geliebten Menschen gesehen werden, indem dieser eine Funktionalisierung erfährt und als «Vorstufe» betrachtet wird. Doch hieße es,

Elisa Claro-Bindhoff in Santiago de Chile

Breton Unrecht widerfahren zu lassen, wollte man bei ihm den Partner nur als Mittel zum Zweck sehen. Die Vereinigung zweier Menschen läßt beide eine Erweiterung des Bewußtseins erleben: *Durch die Liebe wird die Welt wiederum erschaffen in einem einzigen Wesen, unaufhörlich erneuert mit all ihren Farben, und mit tausend Strahlen erhellt sie den künftigen Gang der Erde. Jedesmal, wenn ein Mensch liebt, kann nichts verhindern, daß nicht durch ihn hindurch Gefühl und Empfindung aller Menschen beteiligt sind.*[172] Die Liebe verbindet zwei Wesen nicht nur miteinander, sondern zugleich mit allen Liebenden: *Denn eine Frau und ein*

Mann, die bis ans Ende der Zeiten du und ich sein sollen, werden, ohne je sich umzuwenden, ihrerseits im schrägen Schimmer an den Grenzen des Lebens und der Vergessenheit alles Lebens pfadlos wandern, in dem zarten Kraut, das sich vor uns bald waldartig verdichtet. Aus den tausend unsichtbaren, unzertrennbaren Fäden ist dieses spitzenartige Kraut gestaltet, die, wie sich erwiesen hat, dein Nervensystem mit dem meinen verknüpften in der tiefen Nacht des Bewußtseins... Nach mir wird dieses Kraut noch die Wände des unansehnlichsten Zimmers überziehen, jedesmal, wenn zwei Liebende sich darin einschließen, allem trotzend, was auch geschehen mag, und sollten sie das Ende ihres Lebens beschleunigen.[173] In der Liebe erhebt sich ein Paar über die Schranken des Individuellen. Die konkrete Frau verkörpert *jene ewige Macht der Frau*[174], der Mensch wird zum Träger von Wirklichkeiten, die über ihn hinausreichen.

Damit war der Schritt zu einer mythischen Auffassung vollzogen: Das Einzelne, Abgesonderte tritt als zeitlicher Ausdruck eines Überzeitlichen auf. *Arcane 17* zeigt die zunehmende Hinwendung Bretons zum Mythos. Die Begegnung mit seiner späteren Frau Elisa Claro-Bindhoff ist nicht mehr nur in der tagebuchartigen Weise erzählt, die für frühere Werke charakteristisch war. Sie wird vielmehr der Alltagswirklichkeit entrückt. Den Höhepunkt in *Arcane 17* bildet ein Traum des Osiris-Mythos, den Breton zwar in Anlehnung an Plutarch, doch in Ausschnitten und teilweise modifiziert wiedergibt. Die trauernde Isis nimmt den Leichnam des zerstückelten Osiris in Empfang. Seine vierzehn Einzelteile werden zusammengesetzt. Entgegen der Vorlage erscheinen in Bretons Version weder die Zerstückelung des Osiris durch seinen Gegenspieler Seth noch die Auferstehung des wiederhergestellten Gottes. Vorgeschichte und Folge der erzählten Mythos-Teile vollziehen sich jeweils auf der Ebene des konkreten Lebens: Breton ist ein Zerstückelter vor der entscheidenden Begegnung; doch das Leid schwindet im Ganzwerden durch die Liebe. Die Auferstehung vollzieht sich in der Verschmelzung mit dem geliebten Menschen.

Bretons Deutung des Osiris-Mythos steht unter dem Einfluß des französischen Okkultisten Eliphas Lévi, dessen Schriften über Theorie und Praxis der Magie schon von großem Einfluß auf die Pariser Dichtung des Fin de Siècle waren. Lévi (eigentlich Alphonse-Louis Constant) bringt Osiris mit den Mysterien von Eleusis in Verbindung und interpretiert ihn so als einen Gott der Initiation, also des Weges durch Krise und Erneuerung. Diese Erneuerung des Menschen erscheint Breton in der Liebe, durch die Rückkehr zur ursprünglichen Androgynität möglich. In *Arcane 17* sieht er diese Rückkehr als Hoffnung für die ganze Menschheit, einen Ausweg aus Krieg und Krise zu finden. Obgleich die Lage der Welt von Breton nicht übersehen wird, bietet er zur Problemlösung nicht mehr die politische Agitation der frühen Jahre an, sondern – dem Okkultisten folgend – einen sehr individualistischen Weg.

Poesie und Politik

Der Automatismus und die Beobachtungen des Traums zeigten die Begierde als ursprüngliche Macht, die auf eine Entgrenzung des Ich und letztlich auf die Wiederherstellung einer verlorenen Ganzheit zielt. Überall, wo man versucht hatte, die konventionelle Wirklichkeit entsprechend der Begierde zu gestalten, wie sie sich im Traum offenbarte, konnten die Surrealisten Vorläufer ihrer Bestrebungen finden. Zwar lehnte Breton die Traditionen, auf die das anerkannte Geistesleben sich berief, entschieden ab. Kompromißlose Verneinung von Christentum und Kirche, Mißtrauen gegenüber der Wissenschaft und Spott für offiziell geachtetes oder geehrtes Kunstschaffen waren immer Kennzeichen des Surrealismus. Dennoch suchte Breton nach Vorläufern, die beweisen sollten, daß seine Bewegung in einer Nachfolge stand. Auf diese Weise konstruierte er eine eigene surrealistische Tradition in der abendländischen Kulturgeschichte. Was jedoch schon bei der Berufung der Surrealisten auf Asien und bei der Engels-Rezeption Bretons zu bemerken war, gilt zugleich für diese Vorläufer. Der Surrealismus setzte sich nicht tiefer mit ihnen auseinander. Breton fragte nicht nach ihren Motiven. Nur solche Teilaspekte wurden gewürdigt, auf die man eigene Anschauungen projizieren konnte.

Das erste *Manifest des Surrealismus* nennt eine Reihe von Vorläufern, unter ihnen Swift, de Sade, Poe, Baudelaire, Rimbaud und Mallarmé. Doch wird eingeschränkt: Sie *sind nicht immer surrealistisch, insofern, als ich bei jedem von ihnen eine gewisse Anzahl vorgefaßter Ideen aussondern kann, an denen sie – auf sehr naive Weise! – hingen. Sie hingen daran, weil sie die surrealistische Stimme nicht gehört hatten, die noch vor dem Tode und über Gewitter hinweg zu predigen nicht aufhört...*[175] Bei den Dichtern war es zumeist eine Komponente des Irrationalen, Phantastischen oder Traumhaften, die sie postum zu Surrealisten werden ließ. Bei de Sade waren es seine kompromißlosen Schilderungen, wie Begierde zu Wirklichkeit werden kann. Daß sich zwischen der Welt de Sades und Bretons Anspruch monogamer Liebe ein unüberbrückbarer Abgrund auftut, blieb unwichtig, wenn man in dem Marquis ausschließlich einen Befreier der Begierde sehen wollte. Ebenso berief Breton sich später auf den Visionär Novalis, ohne dessen Christentum zur Kenntnis zu nehmen.

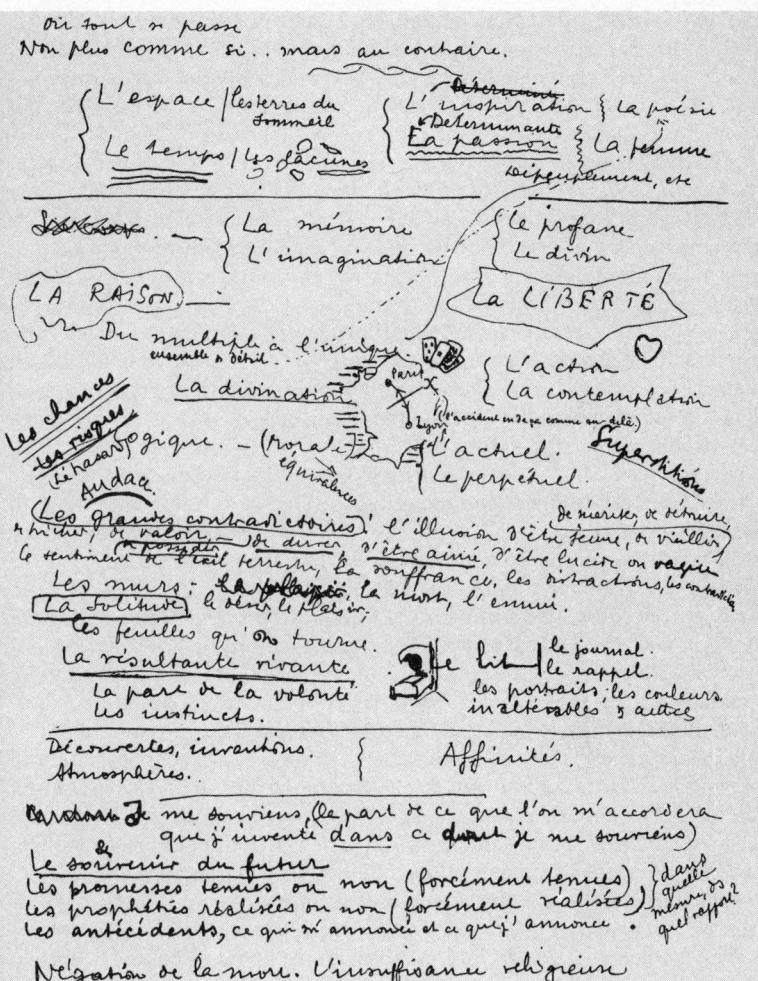

Faksimile eines Manuskripts von Breton als Frontispiz in Vorzugsexemplaren der 1927 bei Éditions Gallimard erschienenen «Introduction au discours sur le peu de réalité»

Neben den bekannten Gestalten, die vom Surrealismus als Vorläufer kanonisiert wurden, findet sich auch mancher Sonderling, so der von Breton sehr geschätzte Ferdinand Cheval (1836–1924). Dieser war Briefträger in Hautrives (Drôme), wo er in jahrzehntelanger Arbeit aus zahllosen kleinen Steinen, die er auf seinen Dienstgängen sammelte, ein Schloß baute, das ihm zuvor im Traum erschienen war. Die imposante Anlage seines «Palais idéal» galt den Surrealisten als Symbol dafür, wie Imaginäres Realität werden kann. Auf vielen Wegen strebt so die Begierde danach, das Bewußtsein aus dem Gefängnis des Ich zu befreien.

Für Breton selbst war es die Sprache, das Wort, wodurch das *Bedeutsame und Unbekannte*[176] in ihm sich Ausdruck verschaffen wollte. Sein Dichten als Surrealist war daher im eigenen Selbstverständnis kein Schaffen von Kunstwerken oder ästhetischen Gebilden nach bestimmten Gesetzen der Gefälligkeit. Es war Ausdruck eines Erkenntnisweges, indem er durch die Anwendung des Automatismus Botschaften des Unbewußten empfing, in denen sich die Begierde objektivierte: Phantasie und Imagination drängen zum Durchbruch, klopfen ans Fenster der bewußten Wahrnehmung. Dichtung wurde so zu einem Aspekt des großen Befreiungskampfs, bei dem es darum gehen sollte, *den Menschen aus sich selbst hervorzutreiben*[177].

Breton hatte 1919 auf der Schwelle zum Automatismus mit *Mont de Piété* (*Leihhaus*), einer Sammlung früher Gedichte, erstmals Poesie in Buchform vorgelegt. 1920 folgten mit den *Magnetischen Feldern* die ersten Produkte automatischen Schreibens. In *Clair de Terre* (*Erdenschein*) stehen 1923 neben automatischen Gedichten und Prosatexten auch Traumprotokolle. 1930 erlebte der Automatismus mit dem Erscheinen der gemeinsam mit Éluard verfaßten Textsammlung *L'Immaculée Conception* (*Die unbefleckte Empfängnis*) einen neuen Höhepunkt.

Der erste Teil (*Der Mensch*) stellt das Werden und Vergehen einer Persönlichkeit von der Empfängnis bis zum Tode dar. Die automatische Botschaft entspringt dabei tieferen Schichten als jenen der Tagesreste und verdrängten Wahrnehmungen der Dichter. Auf surrealistische Weise soll Wesentliches über den Menschen ausgesagt werden. Wie die Persönlichkeit zerrinnt und in sich keine Identität in der Dauer findet, wird schon im Kapitel über die Empfängnis angedeutet: *Man müßte derselbe bleiben, immer, mit dieser entwaffnenden Turnermanier, dieser lächerlichen Kopfhaltung. Aber schon zerfällt das Standbild zu Staub, schon weigert es sich, seinen Namen zu behalten.*[178] Ein Abschnitt ist dem Leben im Mutterleib gewidmet: *Ich falle langsam aus der Höhe herab, mein Gewicht ist noch nicht größer als das, was mindestens hunderttausend Meter verleihen. Der erloschene Kronleuchter, der mir Licht gibt, zeigt die Zähne, wenn ich Brüste streichle, die ich mir nicht ausgesucht habe. Große abgestorbene Äste durchdringen sie. Die Ventile, die sich in einem Herzen öffnen und schließen, das nicht das meine und das doch mein Herz ist, sind alles, was man an Überflüssigem im Zweivierteltakt singen könnte: ich schreie, keiner hört mich, ich träume.*[179] Allmählich nur und unfreiwillig fällt das Wesen ins Dasein. Noch identifiziert es sich nicht mit sich selbst, lebt durch das fremde Herz der Mutter, das damit zugleich das eigene ist. Es träumt in einem unbewußten Urzustand, aber da sind schon dumpfe Wahrnehmungen wie das Schlagen des Herzens, und es kündigt sich das weitere Werden an: Vielleicht sind es die Milchgänge der Mutterbrust, die als *große abgestorbene Äste* erscheinen. Doch obwohl noch ganz verbunden mit der Mutter, ist das entstehende Wesen in seinem Traum allein: Ungehört verhallen seine Schreie. Der Abschnitt über die Geburt endet in Sätzen, durch die erneut die Relativität des Subjektiven zum Ausdruck kommt: *Alle Höflichkeitsfloskeln sind nutzlos. Niemand ist hier. Niemand ist je hier gewesen.*[180] Der Geburt zum Trotz ist da kein Ich, das man fassen oder grüßen könnte. Und so ist auch der Tod nichts, bei dem ein Subjekt anwesend wäre. Im entsprechenden Kapitel heißt es über die Prüfung «Sterben»: *Ich wäre gerade noch durchgekommen, wenn jene kleine Geschichtsfrage nicht gewesen wäre. Zum Glück war ich gar nicht erschienen.*[181] Wo kein Ich im absoluten Sinn besteht, wo es bedingt ist durch das andere Seiende, kann es auch nicht zugrunde gehen. 1940 wird Breton in diesem Sinne schreiben: *Die ganze Vernunft ist dahin, wenn die Stunde geschlagen werden konnte, ohne daß man dort war.*[182] Die Vernunft kann das Fehlen des Ich im eigenen Leben und Sterben sicher nicht fassen.

Nachdem Éluard und Breton so den Mythos vom Werden der Persönlichkeit, ihrer Nicht-Dauer und fließenden Natur geschrieben haben, widmen sie sich in einem zweiten Teil, *Les possessions* (*Die Zustände der Besessenheit*), Simulationsversuchen, indem sie sich in Geistesverfassungen wie Schwachsinn, akute Manie oder Dementia praecox versetzen. Freiwillig und gezielt verrücken sie sich in Geisteszustände, in denen andere ausschließlich gefangen scheinen, und erschaffen in dieser Lage Texte, die für den entsprechenden Wahnzustand typisch sind. Hierdurch wurde zugleich die den Surrealisten suspekte gesellschaftliche Unterscheidung zwischen normalen und abnormalen Bewußtseinssituationen hinterfragt. *Die unbefleckte Empfängnis* ist für den Exegeten ebenso einladend wie erschreckend. Die Lösung jedes Rätsels führt an ein Tor neuer Geheimnisse.

Im Vorwort zur japanischen Ausgabe des Werkes erläutern Breton und Éluard: *Um ihre Unterschiede festzustellen, wollen die Menschen sich gleichen. Nur von diesem Standpunkt aus erhalten alle menschlichen Beziehungen ihren Wert. – Zerstörend, bauend, lebend zu zweit sein, bedeutet schon: alle zugleich sein, unendlich sein und nicht mehr nur derjenige, der ich gerade bin. Jeder Sonnenhalm ist einer Schneeflocke fähig, jede ausgestreckte Hand eines bekannten Blicks.* Ihre gesamte Arbeit an diesem in vierzehn Tagen entstandenen Buch regelten sie derart, *daß sich daraus eine poetische Philosophie ergab, die zwar nie die Sprache zum Werkzeug des Verstandes macht, aber trotzdem eines Tages zur Ausarbeitung einer wirklichen Philosophie der Poesie führen könnte*[183]. Die Surrealisten hatten sich die Forderung Lautréamonts zu eigen gemacht, die Poesie solle das Werk aller und nicht eines einzigen sein. Der Befreiungskampf, den sie an der Front der Sprache ausfochten, besaß zugleich einen gesellschaftlichen Aspekt.

Spätestens seit dem Manifest «La Révolution d'abord et toujours» hatten die Surrealisten klargelegt, wie die große Befreiung, die sie ins Auge faßten, naturgemäß auch eine Befreiung auf sozialer Ebene einschließen müßte. Die durch den Marokko-Krieg entstandenen Kontakte zu kommunistischen Intellektuellen im Umkreis der Zeitschrift «Clarté» führten innerhalb der surrealistischen Gruppe zu Diskussionen, welchen Stellenwert eine zu erstrebende soziale Revolution in der eigenen Arbeit einzunehmen hätte. Es tauchten grundsätzliche Fragen auf, die sich aus der Auseinandersetzung mit dem Marxismus ergaben: War die erstrebte Befreiung des Geistes überhaupt möglich, solange die ökonomische Basis und die sozialen Verhältnisse nicht umgestaltet wurden? Sollten angesichts der gesellschaftlichen Wirklichkeit nicht die surrealistischen Experimente hinter konkreter politischer Arbeit zurücktreten?

Pierre Naville, einer der Mitbegründer von «La Révolution surréaliste», sah die Gruppe in dieser Situation vor eine lebenswichtige Entscheidung gestellt: «1. Entweder sich weiterhin auf eine negativistische, anarchistische Haltung versteifen, die von vornherein falsch ist, weil sie den Begriff der Revolution, auf die sie sich ja beruft, nicht begründen kann. Wer sie vertritt, muß sich weigern, sein eigenes Leben und die Unantastbarkeit seiner Individualität in einem Kampf aufs Spiel zu setzen, der einen in die disziplinierte Kollektivaktion des Klassenkampfs hineinbringt; oder 2. entschlossen den revolutionären Weg einschlagen, den einzigen revolutionären Weg, den marxistischen Weg. Dann aber muß man sich darüber klar sein, daß die Macht des Geistes, jener Substanz also, die das Ganze und ein Teil des Individuums ist, unlösbar mit einer gesellschaftlichen Wirklichkeit verbunden ist und diese ganz einfach zur Voraussetzung hat.» [184] Naville wollte seine Freunde dazu bewegen, ohne Vorbehalte den marxistischen Weg zu wählen. Ganz als Marxist seiner Zeit kritisierte er ihre Wissenschafts- und Technologiefeindlichkeit sowie die Neigung zu Mythen, wie jenem vom wunderbaren Asien: «Drei Viertel der Menschheit sind materiell gezwungen, sich als Arbeitnehmer zu verdingen. Ihrem Wesen nach hat diese materielle Notwendigkeit mit den Weltdeutungen und Moralsystemen der sogenannten Orientalen oder Okzidentalen überhaupt nichts zu tun. Unter der Knute des Kapitals werden die Massen im Abendland und im Osten gleichermaßen ausgebeutet. Das ist heutzutage die einzige Ideologie der Massen.» [185]

Breton reagierte auf die Fragen und Probleme, die sich der Gruppe in dieser Situation stellten, im September 1926 mit der Schrift *Légitime défense* (*Notwehr*). Prinzipiell stellt er darin seine Übereinstimmung mit dem kommunistischen Programm fest, obwohl *es nach unserer Auffassung freilich nur Mindestanforderungen enthält* [186]. Er kritisiert die ausschließliche Fixierung der kommunistischen Bestrebungen auf eine Verbesserung der materiellen Verhältnisse und findet es vor dem Hintergrund dieser beschränkten Zielvorstellung unstatthaft, wenn die Kommunisten für sich ein Monopol revolutionärer Gesinnung beanspruchen. *Ich sage, die revolutionäre Flamme lodert, wo sie will, und es geht nicht an, daß in dieser Wartezeit, die wir durchleben, ein kleines Häuflein Menschen sich anmaßt, festzusetzen, daß die Flamme nur gerade hier oder dort lodern dürfe.*[187] Was die Umgestaltung der sozialen Verhältnisse anlangt, bekräftigt er mit Nachdruck seine Zustimmung zur Vision der Kommunistischen Partei, doch legt er als Surrealist Wert darauf, daß die *Erfahrungen und Experimente mit dem Innenleben des Individuums weitergetrieben werden, aber selbstverständlich ohne daß uns einer, und wäre er ein Marxist, darin von außen her Vorschriften macht*[188]. Daß die Kommunisten keinesfalls in revolutionären Belangen unfehlbar wären, erkennt Breton schon an der Parteipresse. Die kommunistische Zeitung «L'Humanité» nennt er *pennälerhaft, phrasendreschend, großsprecherisch, unnütz die Leute für dumm haltend und verdummend.* So erweist sie sich als *ungenießbar und völlig unwürdig dessen, was sie angeblich als ihre wichtigste Sendung betrachtet: die Proletarier aufzuklären und zu bilden.*[189]

Breton scheint für die Surrealisten die Rolle eines Korrektivs für die aktiven Revolutionäre vorzuschweben: *Wir meinten, es hätte für uns keinen Sinn, unmittelbar politisch zu wirken, wir könnten uns statt dessen aber allgemein nützlich machen, indem wir – was ja nicht mehr als recht und billig ist – immer wieder die Grundsätze der Revolution in Erinnerung brächten und so unser Bestes für die Sache der Revolution täten.*[190] Breton sieht Erkenntnis und Aktion auf zwei unterschiedlichen Ebenen. Der aktiv politisch Tätige kommt durch die Notwendigkeit des Handelns leicht vom Weg zum eigentlichen Ziel ab. So bedarf er der Kurskorrektur durch jene, die sich ganz der Sache der Erkenntnis verschrieben haben, der Surrealisten. *Jedes der beiden Probleme ist in sich klar, und sie sind ihrem Wesen nach völlig voneinander geschieden. Unserer Meinung nach würde jedes von beiden heillos unklar, wenn sie nicht getrennt blieben. Es liegt also Grund vor, gegen jeden Versuch, ihre Inhalte durcheinanderzuwerfen, zumal aber dagegen anzugehen, daß man uns nahelegt, alle unsere bisherigen Forschungen aufzugeben und statt dessen nur noch propagandistische Literatur und Kunst zu produzieren.*[191]

Es liegt klar zutage, worum es Breton ging. Nichts und niemandem sollte die Eigenständigkeit des Surrealismus als eines revolutionären Ansatzes, der weiter reichte als zu bloßen sozialen Bestrebungen, geopfert werden. Andererseits waren die Fragen, die insbesondere durch Naville gestellt wurden, auf die Dauer nicht durch die Idee einer Funktionsteilung zwischen Surrealisten und aktiven Sozialrevolutionären zu beantworten. So entschlossen sich 1927 Breton und vier weitere Mitglieder der Gruppe (Aragon, Éluard, Péret und Pierre Unik) zum Eintritt in die Kommunistische Partei. Die Schrift *Au grand jour* begründet den Schritt der fünf neuen Parteimitglieder. *Der Kommunistischen Partei Frank-reichs sind wir hauptsächlich deswegen beigetreten, weil wir meinen, wenn wir es nicht getan hätten, könne uns das ausgelegt werden, als hätten wir Vorbehalte, die wir bestimmt nicht haben, und Hintergedanken; das aber wäre nur Wasser auf die Mühle der Gegner der KP (und die sind zugleich unsere schlimmsten Feinde).*[192] Doch nicht alle Gruppenmitglieder hatten Verständnis für diesen Schritt: Streit, Distanzierung und Polemiken waren die Folge. Auch für Breton wurde der Versuch, den Weg gemeinsam mit der offiziellen kommunistischen Bewegung zu gehen, ein problematisches Unterfangen: *Unsere Zugehörigkeit zum Prinzip des historischen Materialismus... es gibt an diesen Worten nichts zu deuten. Hinge es lediglich von uns ab – das heißt, wenn der Kommunismus uns nicht wie seltene Tiere behandeln würde, bestellt zur Unterhaltung der argwöhnischen Gaffer in seinen Reihen –: wir könnten sicherlich unsere Pflicht als Revolutionäre ganz erfüllen. Das ist aber leider eine Zusicherung, die niemanden außer uns selbst interessiert.*

Breton sah sich während der Zeit seiner Parteizugehörigkeit ständig dem Argwohn der Funktionäre ausgesetzt. In Verhören hatte er zu beweisen, daß der Surrealismus nicht antikommunistisch und konterrevolutionär wäre. Enttäuscht bemerkt er 1930 im *Zweiten Manifest*, daß man auf seiten der Partei keinerlei Bereitschaft zeigte, sich mit seinen Theorien zu beschäftigen: *Daß man meinen Ideen auf den Grund gegangen wäre – unnötig zu sagen, daß bei meinen Richtern nicht damit zu rechnen war. «Wenn Sie Marxist sind», kläffte damals* (der Parteifunktionär) *Michel Marty einen der Unsrigen an, «dann brauchten Sie nicht Surrealist zu sein.» Surrealist sein – nicht wir halten uns, wohlverstanden, unter diesen Umständen darauf etwas zugute; diese Einstufung war uns ungewollt vorausgegangen, wie sie für Einstein-Schüler als «Relativisten», für Freudianer als «Psychoanalytiker» hatte erfolgen können. Wie sollte man sich nicht zutiefst beunruhigen über ein solches Absinken des ideologischen Niveaus in einer Partei, die einst so glänzend gewappnet zwei Häuptern entsprang, welche zu den größten des 19. Jahrhunderts gehörten? Es ist nur zu bekannt: das wenige, was ich in dieser Hinsicht aus eigener Erfahrung kennenlernte, entspricht allem übrigen. Man verlangte von mir, für die Zelle «Gas» einen Bericht über die Situation in Italien zu machen, ich brauche mich, wurde mir erläutert, nur auf die statistischen Fakten (Stahlproduktion usw.) zu stützen, und vor allem keine Ideologie. Ich habe es nicht gekonnt.*[193]

Es verwundert nicht, daß die Funktionäre der Kommunistischen Partei verschiedenen Bestrebungen ihrer surrealistischen Genossen mit großem Befremden begegneten: Abgesehen von Bretons Wertung des objektiven Zufalls, Skandalen und Séancen sowie den neuen künstlerischen Ausdrucksmitteln, denen die Partei verständnislos gegenüberstand, gab es dadurch eine tiefe Kluft, daß die Surrealisten um Breton niemals einer

Dalí. Fotografiert von Buñuel, 1929

Partei die Kontrolle über alle Lebensbereiche zugestehen wollten. *Ich habe all die Jahre hindurch das Recht des Schriftstellers und des Künstlers verteidigt, über sich selbst zu verfügen, nicht im Schatten politischer Parolen, sondern aus seinen sehr besonderen geschichtlichen Bedingungen heraus zu handeln. Und über diese Bedingungen bestimmt allein der Künstler selbst. Als ich im Jahre 1926 der Kommunistischen Partei beitreten wollte, bin ich dieser Auffassung wegen vor mehrere Kontrollkommissionen zitiert worden, wo man in beleidigendem Ton von mir verlangt hat, Rechenschaft abzulegen über Reproduktionen von Picasso und André Masson, die in der von mir geleiteten Zeitschrift erschienen waren.*[194] Einen besonderen Stein des Anstoßes bildete für die Partei die Person Salvador Dalís, von dessen exzentrischen Darstellungen sexueller Motive sich die kommunistischen Surrealisten nicht distanzieren wollten.

Trotz entwürdigender Kontrollkommissionen, endloser Schwierigkeiten und des Ausscheidens vieler Freunde aus ihrer Bewegung hielten die Surrealisten bis 1935 am Versuch einer Verbindung mit der Kommunistischen Partei und ihren Organisationen fest. Seit 1930 hieß die Zeitschrift der Gruppe «Le Surréalisme au Service de la Révolution» («Der Surrealismus im Dienst der Revolution»), wodurch Bretons schon in *Légitime défense* anklingende Auffassung zum Ausdruck kam, daß der Surrealismus eine Aufgabe im Rahmen umfassender revolutionärer Bestrebungen wahrnahm. Aber die Liebe blieb einseitig. 1933 führte Bretons mangelnde Parteihörigkeit zu seinem Ausschluß aus dem kommunistischen Künstlerverband. Charakteristischer Streitpunkt mit der KPF war ein Aufsatz Ferdinand Alquiés, den Breton in die Zeitschrift der Surrealisten aufnahm. Alquié kritisierte darin sowjetische Filme, in denen bürgerliche Tugenden und Konformismus als revolutionäres Verhalten verherrlicht wurden. Anpassung und Gehorsam, wie sie Stalins Staat forderte, waren unvereinbar mit dem surrealistischen Programm totaler Befreiung, dessen politische Dimension Breton und seine Freunde zur KP geführt hatte.

1935 kam es zum endgültigen Bruch. Zum einen war die KPF für die Surrealisten keine echte Alternative mehr zur etablierten Politik: Ein französisch-sowjetischer Freundschaftsvertrag war die Ursache, daß die Partei dem offiziellen Frankreich und dessen Außenpolitik weniger kritisch gegenüberstand. Der französische Staat hatte seinerseits einen Asylantrag Leo Trotzkis abgelehnt, womit er sich in den Augen der Surrealisten zu einem Handlanger Stalins machte. Die Partei und mit ihr der kommunistische Künstlerverband sahen im dritten Jahr der Regierung Hitlers den Faschismus als schlimmsten Gegner und den Krieg als größte Gefahr: Ein «Internationaler Kongreß zur Verteidigung der Kultur» sollte Schriftsteller und Künstler aller Länder vereinen, um vor Faschismus und Krieg zu warnen. Auch die Surrealisten wollten an diesem Kongreß teilnehmen. Eine Woche vor Eröffnung traf Breton den sowjetischen Delegierten Ilja Ehrenburg auf der Straße und ohrfeigte ihn. Bretons Empörung war durch die Wertung des Surrealismus in einem Buch Ehrenburgs entstanden, der eine Mehrheit der Kommunisten durchaus beipflichtete: «Die Surrealisten sind wohl einverstanden mit Hegel, mit Marx und mit der Revolution – was sie aber nicht wollen, das ist arbeiten. Sie studieren zum Beispiel die Päderastie und die Träume... Sie befleißigen sich, das Geld der andern zu verzehren, der eine eine Erbschaft, der andere die Mitgift seiner Frau... Sie begannen damit, obszöne Wortspiele zu fabrizieren. Die Einfältigsten unter ihnen geben zu, daß ihr ganzes Programm ist, den Mädchen nachzulaufen. Die, die etwas Bescheid wissen, kapieren, daß man damit nicht weit kommt. Das Thema ‹Frauen› ist für sie bereits Konformismus, und sie entwerfen ein ganz anderes Programm: Onanismus, Päderastie, Fetischismus, Exhibitionismus und selbst Sodomie. Doch das setzt in Paris kaum jemanden in Erstaunen. Also... wird Freud als Aushängeschild verwendet, und die gewöhnlichsten Perversionen hüllen sich sogleich in den Schleier des Unerklärlichen. Je dümmer, je besser!»[195] Breton wurde nicht zugestanden, daß ihn diese Surrealismus-Analyse Ehrenburgs zu den Ohrfeigen hinriß. Vielmehr führte der Vorfall dazu, ihn von der Teilnahme am Kongreß auszuschließen. René Crevel versuchte zwischen Surrealisten und Kommunisten zu vermitteln. Am Vorabend des Kongresses schied er freiwillig aus dem Leben. Diese Tat hatte zur Folge, daß man Paul Éluard gestattete, den Text der Rede des ausgeschlossenen Breton am Ende eines Sitzungstags zu verlesen. *Dazu hielt es der Vorsitzende noch für nötig, ihm bei einem bestimmten Satz zu unterbrechen, um dem Publikum (das in diesem Augenblick sehr geteilter Meinung war, wobei jedoch die gegnerischen Stimmen überwogen) mitzuteilen, daß der Saal nur bis 0.30 Uhr gemietet sei; daß jeden Augenblick das Licht ausgehen könne und daß das Ende der Rede mit anschließender Antwort auf den nächsten Tag verlegt werde.*[196]

Die Trennung der Surrealisten von den Kommunisten, die sich an der Sowjetunion orientierten, war damit besiegelt. Schon seit geraumer Zeit hatte die Gruppe über ihre französischen KP-Erfahrungen hinaus die Entwicklung in der Sowjetunion mit Sorge beobachtet. Das Manifest *Als die Surrealisten noch recht hatten* (August 1935) legt nun Zeugnis von ihrer Haltung ab. Mit ihrer Distanzierung von der kommunistischen Bewegung in Frankreich kritisieren sie zugleich Führerkult, Unterdrückung und den *totalen, traurigen Konformismus* in der UdSSR. Mit Bezug auf Stalin, *unter dem dieses Regime in die Verneinung dessen umschlägt, was es sein sollte und was es gewesen ist,* gipfelt das Manifest in der Feststellung: *Diesem Regime, diesem Führer können wir lediglich in aller Form unser Mißtrauen aussprechen.*[197] Neben Breton unterzeichnen die damaligen Mitglieder der Gruppe, unter ihnen Dalí, Éluard, Max Ernst, Dora Maar, René Magritte, Meret Oppenheim, Benjamin Péret und Man Ray. Führende Surrealisten der Vergangenheit hatte die Phase der Bindung an die und der Loslösung von der Kommunistischen Partei aus der Gruppe geführt: Soupault und Artaud waren vor dem kommunistischen Abenteuer ausgeschieden. Aragon opferte den Surrealismus der Partei, wobei Breton selbst den letzten Anstoß dazu gab. Mit der Streitschrift *Misère de la poésie* (*Das Elend der Poesie*) wollte er 1932 Aragon zu Hilfe eilen, der wegen seines Gedichts «Front Rouge» («Rotfront») strafrechtlich verfolgt werden sollte. Doch enthielt diese Schrift auch Angriffe gegen die partei-internen Zensurbestrebungen der KP. Aragon mußte sich zwischen dem Freund, der ihn verteidigte, und der Parteidisziplin entscheiden, und er traf die zweite Wahl.

Jacqueline und André Breton bei Trotzki in Mexiko, 1938.
Zweiter von links der Maler Diego Rivera

Im Oktober 1935 schloß sich die Gruppe der Surrealisten mit dem Kreis um Georges Bataille zu einer unabhängigen revolutionären Bewegung («Contre-Attaque») zusammen, die jedoch keine Bedeutung erlangte und nur wenige Monate bestand. Alle politischen Pakte blieben für Breton strategische Versuche, dem revolutionären Potential, das er im Surrealismus sah, auch auf gesellschaftlicher Ebene zum Durchbruch zu verhelfen. Im Jahre 1938 besuchte er Leo Trotzki in dessen mexikanischem Exil. Das französische Außenministerium ermöglichte diese Reise, damit Breton an der Universität von Mexico City eine Folge von Vorträgen über den Stand der Dichtung und der Malerei in Europa halten könnte. Die intensive persönliche Auseinandersetzung Bretons mit Trotzki führte zu dem von ihnen gemeinsam verfaßten Manifest *Für eine Freie revolutionäre Kunst*[198]. Darin wird die Autonomie der Kunst gegenüber dem Staat auch unter revolutionären Bedingungen gefordert. *Wenn die Revolution um der Förderung ihrer materiellen Produktionskräfte willen gehalten ist, ein sozialistisches Regime mit zentraler Kontrolle zu errichten, muß sie von*

*Anfang an für das künstlerische Schaffen ein anarchistisches Regime per-
sönlicher Freiheit errichten und garantieren. Keine Autorität, kein Zwang,
nicht die Spur einer Weisung!*[199] Das Manifest endet mit der Erklärung:
*Was wir wollen: die Freiheit der Kunst – für die Revolution; die Revolution
– für die endgültige Befreiung der Kunst.*[200]

Auf der Basis dieser Ideen sollte eine internationale Vereinigung revolutionärer Künstler, Intellektueller und Schriftsteller zur Verteidigung
der Unabhängigkeit der Kunst («Fédération internationale de l'art révolutionnaire indépendant») ins Leben gerufen werden. Trotz anfänglichen
Interesses in Kreisen linker Künstler scheiterte das Projekt schließlich,
weil die dominierende Rolle der Surrealisten in diesem Verband Argwohn erregte.

Vielleicht kommen die Gründe der Zweifel, die von seiten der Linken
gegenüber dem Surrealismus immer bestanden, besonders klar durch
eine Episode zum Ausdruck, die Breton über ein Gespräch mit Trotzki
berichtet. *So sagte er mir eines Tages: «Genosse Breton, das Interesse, das
Sie den Erscheinungen des ‹objektiven Zufalls› entgegenbringen, ist für
mich nicht einsichtig. Ja, ich weiß wohl, daß Engels diesen Ausdruck ge-
braucht hat. Aber ich frage mich, ob es bei Ihnen nicht um etwas anderes
geht. Ich bin mir nicht sicher, ob Sie nicht daran denken, ein» – seine Hände
wiesen in den Raum – «Hintertürchen zum Jenseits offenzuhalten.» Ich
hatte meine Erwiderung noch nicht beendet, da rügte er schon wieder: «Ich
bin nicht überzeugt. Und im übrigen haben Sie irgendwo geschrieben, ach
ja, daß diese Erscheinungen für Sie etwas Beunruhigendes darstellten.» –
«Verzeihen Sie», sagte ich zu ihm, «ich habe geschrieben: beunruhigend
beim gegenwärtigen Stand der Erkenntnis, sollen wir nachsehen?» Er stand
auf, ging ein paar Schritte und kam dann wieder auf mich zu: «Wenn Sie
gesagt haben ‹beim gegenwärtigen Stand der Erkenntnis›, dann gibt es
nichts mehr auszusetzen. Ich ziehe meinen Einwand zurück.»*[201]

Bildende Kunst

Im Laufe seiner Entwicklung hat Breton immer wieder die Konfrontation mit Werken der Bildenden Kunst oder ihren Schöpfern zu Schlüsselerlebnissen geführt. In der frühen Jugend war Moreau beherrschend für seine Auffassung von Poesie und Erotik. Später prägten ihn zahlreiche Begegnungen mit Künstlern der modernsten Strömungen im Kreise Apollinaires. Apollinaire hatte neben vielen anderen gute Kontakte zu Picasso, Francis Picabia, Marcel Duchamp, Marc Chagall und Giorgio de Chirico und setzte sich für diese ein, als sie noch keinesfalls zu den ernst genommenen Künstlern gehörten. Durch die Schule seines Kunstverständnisses und seiner Kritik war Breton von 1916 bis zum Tod des Dichters gegangen. Er trat in Paris das Erbe Apollinaires als kunstsachverständiger Dichter an. Wie sein Meister regen Anteil am Schaffen der Maler genommen hatte, sie anregte und interpretierte, wurde Breton zum lebendigen Mittelpunkt jener Künstler, die sich in der Surrealistengruppe oder deren Umkreis aufhielten. Die von ihm geschaffenen theoretischen Grundlagen und sein persönlicher Einsatz regten zu Werken und Experimenten an, wie umgekehrt das Schaffen der Bildenden Künstler erheblichen Einfluß auf seine surrealistische Theorie gewann. Nach außen trat er als Organisator von Galerien und Ausstellungen in Erscheinung. 1927 eröffnete die *Galerie surréaliste*, 1937 rief er die Galerie *Gradiva* ins Leben. Er verfaßte Vorworte für die Ausstellungskataloge ihm nahestehender Künstler. Und zuweilen galt er der Öffentlichkeit und auch Nahestehenden als unduldsamer Maßregler, wenn er Maler – wie auch Dichter – kurzfristig oder auf Dauer aus der Gruppe ausschloß, weil sie sich «artistischen» Aktivitäten hingaben, Kunst um der Kunst oder des Geldes willen produzierten und damit das Ziel des surrealistischen Experiments aus den Augen verloren.

Dabei war es nicht von Beginn an klar, ob es so etwas wie surrealistische Malerei überhaupt geben könnte. Die Praxis surrealistischer Produktion war mit dem automatischen Schreiben eine Entdeckung der Dichter gewesen. Zwar hatte Breton im *Manifest des Surrealismus* anläßlich seiner Beschreibung der Vision des Mannes, der vom Fenster entzweigeschnitten wird, erklärt, daß er als Maler der visuellen Erscheinung des Bildes den Vorzug vor dem Satz gegeben hätte. Doch blieb die Frage, ob der

*Joan Miró während der Arbeit an «Le Faucheur» (Der Schnitter)
für den Spanischen Pavillon auf der Weltausstellung 1937*

Automatismus, der Schnelligkeit und Ausschaltung eines kontrollierenden Verstandes erforderte, sich mit einer künstlerischen Aktivität verträgt, die kompliziertere Mittel benötigt als nur Stift und Papier. Diese
Frage wurde von Breton leidenschaftlich bejaht. Neben anderen sah er in
Joan Miró einen Maler des reinen Automatismus. *Statt tausenderlei Pro-*

bleme, die ihn überhaupt nicht beschäftigen, obwohl es eigentlich die sind, von denen der menschliche Geist voll ist, gibt es offenbar in Joan Miró nur einen Wunsch, ganz in einem reinen Automatismus aufzugehen, um zu malen, nur um zu malen – das bedeutet für ihn, sich auf das Gebiet zu beschränken, in dem er wirklich zu Hause ist. Wohl habe ich mich meiner-seits fortwährend auf diesen Automatismus berufen, alleine ich fürchte, daß

Giorgio de Chirico: «Das Rätsel eines Abschieds», 1916

Miró nur sehr oberflächlich seinen Wert und seine tiefere Begründung in sich erfahren hat. Vielleicht ist es gerade das, weshalb er als der «surrealistischste» von uns allen gelten kann... Keiner ist so geschickt wie er, das Unvereinbare zu vereinen, ist so gleichgültig, etwas zu zerstören, bei dem wir nicht einmal den Wunsch wagen, es zerstört zu sehen.[202]

Surrealismus und Malerei waren vereinbar, ja es gab sogar surrealistische Malerei. Breton sah sie in der Tradition auch zeitgenössischer Maler, deren bedeutendste de Chirico in seiner «metaphysischen Periode» sowie Picasso waren. De Chiricos geheimnisvolle, meßbarer Zeit entrückte Plätze, auf denen eine antike Statue und ein Eisenbahnzug die Spannung eines eigentümlichen Nebeneinanders verleihen, wo hinter Arkaden tiefe Dunkelheit herrscht und jeder Gegenstand lange Schatten wirft, sind im eigentlichen Sinne traumhafte Orte. In seinem grundlegenden Werk zur Kunst *Der Surrealismus und die Malerei* (1928) zitiert Breton de Chirico: «Damit das Kunstwerk wahrhaft unsterblich ist, muß es ganz die Grenzen des Menschlichen verlassen: der gesunde Menschenverstand und das logische Denken sind fehl am Platze. Auf diese Weise nähert es sich dem Traum oder dem geistigen Zustand des Kindes. – Das wirklich tiefgründige Werk muß vom Künstler aus den entlegensten Tiefen seines Wesens emporgehoben werden: dorthin gelangt kein Rauschen eines Flusses, kein Lied eines Vogels, kein Rascheln der Blätter... Mit das Eigenartigste, das uns die Prähistorie hinterlassen hat, ist das Erlebnis der Vorzeichen. Sie wird es immer geben. Sie sind ein ewiger Beweis des Gegenlogischen im Weltall. Der erste Mensch mußte ja in allem warnende Vorzeichen sehen und bei jedem Schritte schaudern.»[203] Den Surrealisten galt de Chirico als einer derjenigen, die bereits vor ihrem Propagieren von Automatismus und Traumforschung tief in das unbewußte Strömen eingedrungen waren: 1914 hatte er Guillaume Apollinaire dargestellt. Auf seinem Schattenbild befindet sich ein Kreisausschnitt um jene Stelle an der Schläfe, wo Apollinaire zwei Jahre später im Krieg verwundet wurde. Daß dieser Meister sich von seiner metaphysischen Malerei abwandte, wurde von Breton und seiner Gruppe mit Bestürzung aufgenommen.

Picasso dagegen blieb lange Zeit unbestrittenes Vorbild. *Man hat gesagt, es könne keine surrealistische Malerei geben. Malerei, Literatur, was ist das schon, da Sie, Picasso, den Geist auf seine höchste Höhe trugen, auf der nicht mehr der Widerspruch gilt, sondern das Darüberhinaus! Von jedem Ihrer Bilder haben Sie eine Strickleiter herabhängen lassen, zudem noch geknüpft aus den Leintüchern Ihres Bettes, und es ist wohl möglich, daß Sie sich ebenso wie wir danach sehnen, hinabzusteigen oder aufzusteigen aus dem Schlafe.*[204] Picasso erscheint bei Breton als derjenige, der zuerst und am konsequentesten eingefahrene Gleise verließ, ohne sich auf eine neu gefundene Möglichkeit zu fixieren. Diese Offenheit wird zum Vorbild für die Surrealisten: *Wenn der Surrealismus darauf aus ist, sich eine Richtung für sein Verhalten zu geben, muß er nur dieselben Sta-*

dien durchlaufen, die Picasso durchlief und noch durchlaufen wird; ich hoffe, dies wird als große Aufforderung verstanden.[205] Diese Vorbildhaftigkeit bezieht sich freilich nicht auf eine formale Imitation. So wie aus Picassos *nach oben geöffneter Werkstatt bei sinkender Nacht immer wieder Gestalten von göttlicher Ungewohntheit aufsteigen, Tänzer mit Bruchstücken von marmornen Kaminen, Tische, die prächtig beladen sind, neben denen eure wie abgedeckt aussehen, und all das, was in der unerschöpflichen Zeitung «Le Jour» («Der Tag») hängen geblieben ist*[206], sollen die Surrealisten das Ungewohnte entstehen lassen, bildhaft Wirklichkeiten zu unbekannten Dimensionen verschmelzen.

Für das Schaffen eines surrealistischen Werkes der Malerei oder der Plastik bieten sich verschiedene Wege an. Neben dem des Automatismus und der Reproduktion von Trauminhalten wurden von der Gruppe zahl-

*Picasso
in seinem Atelier,
1929*

reiche experimentelle Methoden entwickelt, die den Zufall in surrealistischem Sinne provozierten. Bei der *Frottage* etwa reibt der Künstler mit Bleistift oder Pinsel die Maserung einer rauhen Unterlage auf den Malgrund durch; bei der *Fumage* wird die Leinwand mit dem Rauch einer Kerze berußt, wodurch unvorhersehbare Gestalten erscheinen. Diese und ähnliche Verfahren bieten dem Künstler eine zufällig objektive Vorgabe, aus welcher durch unbewußte Intervention Neues entspringt. Eine wesentliche derartige Technik ist die *Collage*, deren Meister im Surrealismus Max Ernst war. Dieser *nahm solche Dingelemente, die aus sich heraus ein verhältnismäßig unabhängiges Eigenleben führen, wie sie uns nur die Photographie vermitteln kann, zum Beispiel eine Lampe, einen Vogel oder einen Arm. Es ging ihm dabei um etwas Entscheidendes: Er wollte diese ganz verschiedenartigen Dinge zu einer ihnen fremden Ordnung vereinen, an der sie, wenn man alles wohl erwägt, doch nicht zu leiden scheinen, und er wollte dabei möglichst einen vorgefaßten Plan vermeiden, und mit Hilfe desselben Blickes, mit dem man durchs Fenster einen Mann mit aufgespanntem Regenschirm auf einem Dach wandeln sieht, mit Hilfe desselben Geistes, der denkt, eine Windmühle könne, ohne daß es ihr widerspräche, einer Frau die Haare kämmen, da sie es ja bereits in der «Versuchung» von Bosch tut, wollte er zwischen den Lebewesen und den Sachen, die anerkanntermaßen einem Bilde zur Verfügung stehen, andere Beziehungen herstellen als die, welche gemeinhin, und übrigens auch nur vorläufig, zwischen ihnen statthaben. Dies sollte eben in der Art geschehen, wie in der Dichtung die Lippen und das Korallige einander genähert werden können oder wie die Vernunft beschrieben wird als nackte Frau, die ihren Spiegel in den Brunnen wirft.*[207]

   Die Funktion des surrealistischen Bildes, das auf diese Weise Dinge zusammenfaßt, die konventionell getrennt sind, ohne jedoch das Empfinden eines Gegensatzes oder Widerspruchs zu verursachen, ist jene eines Fensters. Wie Ikonen in der Ostkirche oder Thangkas, die Meditationsbilder des tibetischen Buddhismus, eröffnen sie dem Betrachter den Blick in eine andere Dimension, die hier jedoch nicht als Transzendenz aufgefaßt wird, sondern als die Surrealität jenes geistigen Standorts, *von dem aus Leben und Tod, Reales und Imaginäres, Vergangenes und Zukünftiges, Mitteilbares und Nicht-Mitteilbares, Oben und Unten nicht mehr als widersprüchlich empfunden werden*[208]. Es ist die hervorragende Bedeutung des Gesichtssinnes, auf welchen die Ästhetik Bretons konzentriert ist, die das Bild zu einem der bedeutendsten Erkenntnismittel werden läßt. Die Sehwahrnehmung und ihre inneren Pendants der Imagination und Phantasie sowie des Traums konstituieren ihm den großen Teil der menschlichen Wirklichkeit, zu der andere Sinne nur unterstützend beitragen. *Tatsächlich übertreffen die Eindrücke des Gesichtssinnes diejenigen des Gehörs nicht nur an Klarheit, sondern auch an Eindringlichkeit.*[209] Der Mensch lebt in und durch eine Wirklichkeit wahrgenommener

Galerie surréaliste, Rue Jacques-Callot, 1925

Bilder, und diese bilden zugleich sein ureigenstes Kommunikationsmittel. *Das Verlangen, die Bilder des Gesichtssinnes zu fixieren, ob sie vor ihrer Fixierung wirklich da waren oder nicht, hat sich zu jeder Zeit offenbart und hat zur Schaffung einer wirklichen Sprache geführt, die mir nicht künstlicher zu sein scheint als die gewöhnliche... Es scheint mir, daß ich von einer derartigen Sprachfähigkeit viel erwarten kann, sie beinahe alle anderen überragt und mich über das Wirkliche hinaushebt, über das, was man gemeinhin das Wirkliche zu nennen pflegt.*[210]

Das Erobern jener höheren Wirklichkeit vollzieht sich, indem der Mensch seine Wahrnehmung nicht mehr ausschließlich der gewöhnlich sein Bewußtsein konstituierenden Außenwelt zuwendet, um in sich zu blicken, wo das unbewußte Strömen nicht nur Sätze, sondern stets auch Bilder des Überwirklichen liefert. Für die Bildende Kunst bedeutet dies eine Abkehr von der Imitation sinnlich wahrnehmbarer Gegebenheiten. *Ein sehr enger Begriff von Nachahmung, die als Ziel aller Kunst hingestellt wurde, steht am Anfang des tiefgreifenden Mißverständnisses, das wir bis in unsere Tage verfolgen können. Auf den Glauben hin, daß der Mensch nur fähig ist, das Bild von dem, was ihn von außen her anrührt, mit mehr oder weniger Glück zu reproduzieren, haben sich die Maler bei der Wahl ihrer Gegenstände zu sehr zurückgehalten. Der Irrtum, der begangen wurde, lag in der Meinung, der Bildgegenstand könne nur der äußeren Welt entnommen werden, oder es war einfach der Irrtum, ihn da überhaupt zu suchen... Die Werte des Wirklichen müssen einer grundlegenden Prüfung unterzogen werden, darin sind sich heute alle geistigen Menschen einig; und um dieser Notwendigkeit zu gehorchen, muß sich das bildnerische Werk einem rein inneren Vor-Bild zuwenden, oder es wird aufhören, zu sein.*[211]

Auch wenn Bretons Surrealismus die Wiedergabe des Traums und die Durchführung des Automatismus ohne Zensur des Verstandes und der Moral forderte, war ihm dennoch eine Ethik eigen, die sich auf die Kunst auswirkte. Da der Surrealismus auf eine umfassende Befreiung des Menschen zielt, welche die sozialen Verhältnisse, das Bewußtsein und die Liebe einschließt, hat er klare Werte. Das Bild, welches als Fenster zur

*Vor der Galerie Gradiva, 1937. Rechts Oscar Dominguez,
im Hintergrund arbeitet Marcel Duchamp am Eingang zur Galerie*

André Breton: Selbstporträt. Collage, 1938

Freiheit taugen soll, muß unter einem *aufsteigenden Zeichen* stehen, das heißt, es darf der angestrebten Befreiung nicht zuwiderlaufen. In diesem Punkt schieden sich die Geister.

Dalí, der 1934 von der Gruppe zur Rede gestellt wurde, weil er Lenin ohne Hose und mit eigentümlich verlängerter Gesäßbacke malte und in anderen Bildern seine Bewunderung für Hitler nicht verhehlte, rechtfertigte sich mit einem Festhalten an den Grundprinzipien des Surrealismus. Nach Dalís Zeugnis war dieser bestrebt, «Breton mit seiner eigenen Logik zu entwaffnen. Ich erklärte stolz, für mich bliebe der Traum die große Sprache des Surrealismus und das Delirium das großartigste Ausdrucksmittel der Poesie. Von Träumen ausgehend hätte ich meinen ‹Lenin› und meinen ‹Hitler› komponiert. Die verzerrte Gesäßbacke Lenins sei keine Kränkung, sondern geradezu der Beweis für meine Treue zum Surrealismus. Ich sei ein totaler Surrealist, den keine Zensur und keine Logik aufhalten könne. Keine Moral, keine Angst und keine Katastrophe diktierten mir ihr Gesetz. Wenn man Surrealist sei, müsse man sich selbst gegenüber konsequent sein. Alle Tabus seien zu ächten – oder andernfalls solle man mir jene aufzählen, denen man sich zu unterwerfen habe, und Breton solle mir erklären, daß das Reich der surrealistischen Poesie nur ein kleiner Bezirk sei, den man Künstlern als Aufenthaltsort zuweise, die unter Überwachung der Sittenpolizei oder der kommunistischen Partei stünden. Ich schloß mit den Worten: ‹Darum, André Breton, wenn ich heute nacht träume, daß wir zwei uns lieben, werde ich morgen früh unsere schönsten Beischlafstellungen mit dem größten Detailreichtum malen.› – Breton erstarrte, er hielt die Pfeife zwischen die Zähne geklemmt und knurrte: ‹Das möchte ich Ihnen nicht geraten haben, lieber Freund.› Er war mattgesetzt.»[212] Die Differenz war letztlich nicht zu klären, weil Dalí als Selbstzweck wertete, was Breton lediglich als Mittel zur Befreiung betrachtete. Nicht alles, was dem Unbewußten entsprang, war bereits befreite Begierde. Und Breton betrachtete den Surrealismus als einen Weg fortschreitender Befreiung.

Nachdem die surrealistischen Maler zuvor verschiedene Einzelausstellungen bestritten hatten, fand 1928 die erste gemeinschaftliche Präsentation unter dem Titel «Le Surréalisme existe-t-il?» («Existiert der Surrealismus?») in der Galerie Le Sacre du Printemps statt. Unter anderem waren Ernst, Masson, Miró, Picabia und Yves Tanguy vertreten. Doch diese – wie auch spätere Ausstellungen (z. B. 1931 in Hartford/USA, 1936 in London) – besaß noch den Charakter üblicher künstlerischer Schaustellungen. Breton schwebte für die Präsentation surrealistischer Kunst ein Rahmen vor, der selbst als surrealistische Produktion gelten konnte. Erste Gelegenheit zur Verwirklichung erhielt er 1938 in der Galerie des Beaux Arts. Er konzipierte diese Ausstellung als Weg in eine geheimnisvolle Grotte. Vor dem eigentlichen Eintritt passierte der Besucher Dalís «Regnerisches Taxi» («Taxi pluvieux»): In einem Auto saß eine blonde Frau unter dauernd zugeleiteten Regenschauern hinter einem Chauffeur mit Haifischkopf. Auf ihrem Leib krochen Weinbergschnecken. Von hier gelangte man auf die «Surrealistische Straße». Zwanzig von den Künstlern

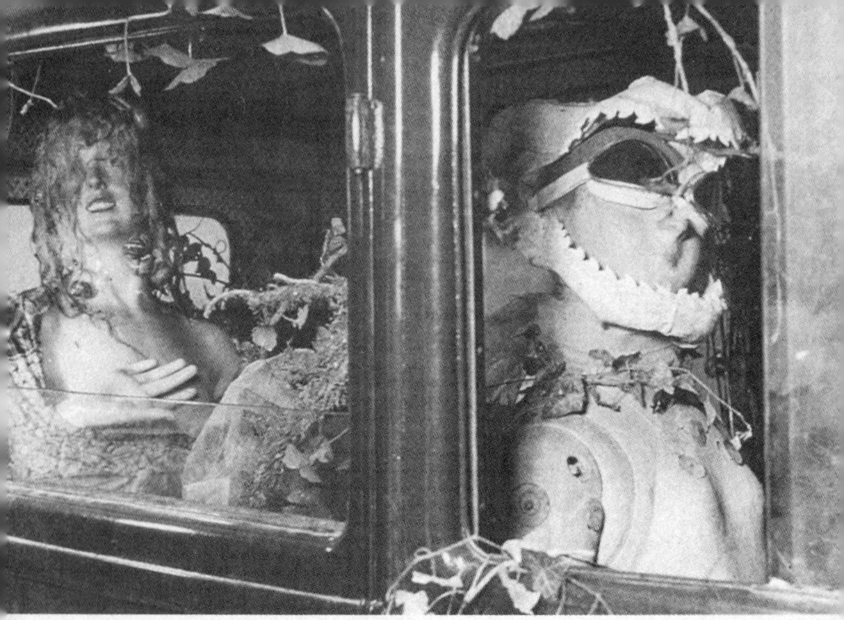

Salvador Dalí: «Le Taxi pluvieux»

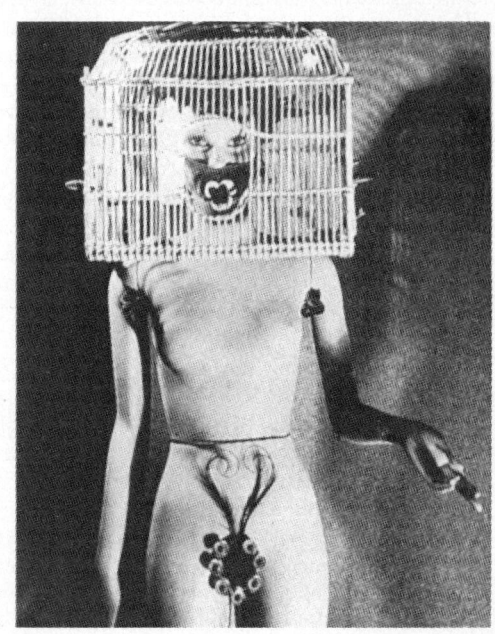

_André Masson: «Le Manne-
quin à bouche de pensée»_

bekleidete Wachspuppen standen am Wegesrand. Besonders beachtet wurde André Massons Puppe, deren Kopf er in einen Käfig zwängte. Max Ernsts Figur trat mit den Füßen auf einen Mann. Sie trug das schwarze Kleid einer Witwe, das absichtlich viel zu kurz geraten war. Die Straße mündete in einen von Duchamp gestalteten Saal. Ein bedeutendes Objekt war hier das mit «Jamais» («Niemals») betitelte Grammophon von Oscar Dominguez: Auf der Scheibe drehte sich unablässig ein nachgebildeter Bauch, während Frauenbeine aus dem Trichter ragten, der sich zur ausgestreckten Hand über dem Bauch verjüngte.

Ziel des Weges durch die Ausstellung war die Grotte: Ihren Boden hatte man zur Gänze mit Laub bedeckt. Zwölfhundert geschickt an der Decke aufgehängte Kohlesäcke vermittelten den Eindruck einer großen Wölbung. In die vier Ecken des Raums hatte man als Symbole der Liebe besonders breite und prächtig gedeckte Betten gestellt. In der Mitte befand sich als Symbol der Freundschaft ein eisernes Glutbecken, wie es die Terrassen-Cafés, in denen die Gruppe sich gern traf, in der kalten Jahreszeit zum Wärmen benutzten. Auch gab es im Gewölbe einen schilfbewachsenen Teich, in dem Seerosen schwammen. Dieser Raum sollte das Unterbewußtsein, das Reich des Traums andeuten, dem die surrealistischen Bilder entsprangen. Hier waren auch die Bilder der Maler aufgehängt. Der Betrachter hörte über Lautsprecher als düstere Prophezeiung fortwährend Marschschritte der deutschen Armee. In der Luft lag der Duft gerösteter Kaffeebohnen. Es bedarf kaum der Anmerkung, daß die zeitgenössische Kritik mit einer derartigen Präsentation wenig anzufangen wußte.

Häufig wurde Breton von Künstlern, die er entscheidend beeinflußt hatte, porträtiert. Vielleicht trifft das Ölgemälde von Victor Brauner (1934) am deutlichsten sein Wesen als Bewohner zweier Welten, jener des Traums und jener der konventionellen Wirklichkeit. Unter Bretons unmittelbaren Beiträgen zur Bildenden Kunst sind seine *Objekt-Gedichte* zu nennen, die er seit 1929 herstellte. *Das Objekt-Gedicht ist eine Zusammenstellung, die die Quellen der Dichtung und der Bildenden Kunst vereinen und deren Macht der gegenseitigen Steigerung zur Wirkung bringen möchte.*[213] Ein typisches Objekt-Gedicht, das gleichfalls in bezug auf das Verständnis von Analogie und objektivem Zufall Interesse verdient, stammt aus dem Jahre 1941: *Portrait de l'acteur A B dans son rôle mémorable – L'an de grâce 1713 (Porträt des Schauspielers A B in seiner denkwürdigen Rolle – Das Jahr des Heils 1713).* Breton wurde mit diesem Werk zum Zeichendeuter. Es war ihm aufgefallen, daß die Anfangsbuchstaben seines Namens A B, wie er sie in seiner Unterschrift gebrauchte, als Jahreszahl 1713 gelesen werden konnten. *Er wurde neugierig und deckte die hervorstechenden Ereignisse auf, die mit diesem Datum zusammenhingen; denn es hätte tatsächlich sein können, daß zumindest ein Ereignis für ihn die unbewußte Fixierung an eine vergangene Zeit zur Folge hätte haben*

*Breton.
Gemälde von
Victor Brauner,
1934*

können, ja sogar die Identifikation mit dieser Zeit.[214] Verschiedene Objekte auf einer Tafel mit Aufschrift stellen die Beziehung zu jener Zeit her. Ein gläserner Koffer weist Breton als Zeitreisenden aus, der im entsprechenden Jahr tatsächlich fündig wird. Unter anderem weist er auf die päpstliche Bulle «Unigenitus» hin, *die den Sieg der Jesuiten über die Jansenisten sanktioniert, dadurch Pascal und Racine mit ihren scharfen Klagen abweist und so eine geistige Krise auslöst, deren Auswirkungen vielleicht heute mehr denn je fühlbar sind. Die Abtei von Port-Royal, die das Herz des Jansenismus bewahrt hat, war ein Jahr vorher völlig zerstört worden und ihr Friedhof den Hunden überlassen.* Über und unter einem verschließbaren Guckloch bringt Breton nun die Inschrift an: *Von einem Guckloch im zerstörten, aber unverwundbaren Port-Royal aus sehe ich Dich, Papst Clemens XI., alter Hund.*[215] Auch andere Ereignisse jenes Jahres wie der Friede von Utrecht oder die Geburt des Automatenkonstrukteurs Jacques de Vaucanson sind auf dem Objekt-Gedicht durch Symbole vertreten. Letzterer, der – hier irrte Breton – allerdings schon 1709 geboren wurde, stellte eine Ente her, *von der erzählt wird, daß sie*

112

fraß und verdaute. An sie wird hier durch die Photographie aus der Vogel-
perspektive von der Spitze Long Islands erinnert, die unter dem Namen
Entenkopf bekannt ist.[216]

Für die Surrealisten waren solche künstlerischen Zeitreisen voller Assoziationen nicht bloße Spielerei. Sie dienten einer Erkenntnis jenseits
des Rationalen. 1931 malte der Breton-Porträtist Victor Brauner ein
Selbstbildnis, das ihn mit ausgeronnenem Auge zeigt. 1938 verlor er tatsächlich ein Auge...

André Breton: Objekt-Gedicht, 1941

Exil und Heimkehr

Im Anschluß an die große Surrealismus-Präsentation von 1938 veranstaltete Breton nach seiner Rückkehr aus Mexiko eine weitere Ausstellung. Erstmals zeigte er in Europa Werke der mexikanischen Malerin Frida Kahlo de Rivera, die aus der Tradition ihres Landes einen Stil gefunden hatte, in dem die Surrealisten ihre eigenen Absichten erkennen konnten. Mit den Bildern Frida Kahlos stellte Breton auch Objekte der mexikanischen Volkskunst aus, die ihm nach surrealistischen Kriterien das Wunderbare ausdrückten, wie jene typischen Totenschädel aus Zuckerguß, in denen Tod und Lebensfreude verschmelzen. Dazu kamen kulturpolitische Aktivitäten, die sich durch seinen Besuch bei Trotzki ergeben hatten.

Mitten in den Vorarbeiten für eine erweiterte Neuauflage seiner *Anthologie des Schwarzen Humors* wurde er 1939 vor dem Hintergrund steigender Kriegsgefahr zum Militär einberufen. Wegen seiner früheren Medizinstudien hatte Breton in einer Flugschule in Poitiers die Stelle des Arztes einzunehmen. 1940 wurde er wieder entlassen. Das Kabinett Pétain stimmte im Juni einem Waffenstillstand mit Nazi-Deutschland und damit der Besetzung des größten Teiles Frankreichs zu. Pétains mit Deutschland kooperierende Regierung in Vichy führte auch im unbesetzten Teil Frankreichs ein autoritäres Regime. Künstler, die mit der Linken sympathisierten, sahen sich der Verfolgung ausgesetzt. Die *Anthologie des Schwarzen Humors* wurde von der Vichy-Regierung verboten.

Um ernsterer Verfolgung zu entgehen, bemühte sich Breton, für seine Frau Jacqueline, die etwa fünfjährige Tochter Aube und sich selbst eine Ausreisegenehmigung in die USA zu erwirken. Ein «Comité Américain de Secours aux Intellectuels», das sich um eine Rettung europäischer Künstler und Schriftsteller vor der Verfolgung durch die Nazis bemühte, leistete dabei Hilfe. Varian Fry, der für das Komitee neben vielen anderen auch Franz Werfel, Thomas Mann, Alfred Döblin und Marc Chagall aus Frankreich schmuggelte, unterstützte die Familie Breton. Man brachte sie bis zur Abreise im Schloß Air-Bel (Marseille) unter. Dort gab es ein Wiedersehen mit alten Bekannten, die auch auf ihre Abreise nach Amerika warteten, unter ihnen Ernst, Brauner, Masson und Duchamp. Die Polizei von Marseille beobachtete mißtrauisch diese Gruppe von Staatsfeinden, die sich mit surrealistischen Spielen die Zeit vertrieb.

Endlich brachte ein Schiff Breton mit seiner Familie Richtung Amerika. Bei ihrer Zwischenstation auf der von Frankreich verwalteten Insel Martinique wurden sie unter unwürdigen Bedingungen in einem ehemaligen Lager für Leprakranke interniert. Man verlangte Internierungsgebühren und wollte Breton jeden Ausgang aus dem Lager verbieten. Eine Warnung der Polizei aus Marseille, die ihn als gefährlichen Agitator bezeichnete, hatte die französischen Behörden auf Martinique zu diesem Schritt veranlaßt. Breton beschwerte sich mit Erfolg beim Gouverneur. Auf der Insel traf er dann André Masson wieder. Jenen Tagen verdanken wir die Dichtung *Le dialogue créole* (*Kreolischer Dialog*) von Breton und Masson sowie verschiedene auf der Insel und in der Erinnerung verfaßte

Die etwa fünfjährige Aube Breton mit dem zweijährigen Pierre Ungemach-Bénédite in Marseille

Von links: Varian Fry, André Breton, Jacques Lipchitz, Jacqueline Breton. Um 1940

Texte, die später unter dem Titel *Martinique charmeuse de serpents* erschienen. Darunter befindet sich Bretons tragisch-komische Schilderung seiner Abenteuer mit den französischen Behörden in der Fremde.

Im Sommer 1941 traf die Familie in New York ein, wo sie zunächst mit großen materiellen Schwierigkeiten zu kämpfen hatte. Die Situation besserte sich, als Breton eine Stelle als Sprecher beim Propaganda-Sender «Stimme Amerikas» annahm. Sich zum Sprachrohr der Politik eines Staates zu machen, muß ihm bei seiner Ablehnung alles Etablierten schwergefallen sein. Er machte seine Mitarbeit nur von einer Bedingung abhängig: Den Papst wollte er in keiner Sendung erwähnen.

Auch der Anthropologe Claude Lévi-Strauss und Robert Lebel gehörten zu jenen Emigranten, die wegen finanzieller Probleme bei diesem Sender arbeiteten. Die Aussicht, in näheren Kontakt mit Breton zu treten, erfüllte sie mit gemischten Gefühlen. Die Provokationen der Dada-Zeit, die Konfrontation mit der Kommunistischen Partei und die Unnachgiebigkeit, mit der Breton seinen Surrealismus innerhalb der Gruppe und nach außen verteidigte, hatten zu einem entsprechenden Ruf geführt. Robert Lebel erinnert sich an das Auftauchen Bretons: «Man kann sich leicht unsere Befangenheit vorstellen, nun tagtäglich einer so gefürchteten Persönlichkeit gegenüberzustehen, die noch mehr als wir darunter leiden mußte, daß man sie bei der Ausübung einer Propagandafunktion beobachtete, auf die keiner von uns sehr stolz war. – Merkwürdigerweise waren es gerade die langen Stunden, die wir zwischen den oft trübseligen Sendungen in den Studios der ‹Stimme Amerikas› verbrachten, in denen Breton uns alle mit seiner zugleich herzlichen und unnachgiebigen Art für sich gewann. Stets überaus freundlich und würdevoll, wie ein Souverän, den das Elend der Zeitläufe zu Boden drückt, ohne ihn zu überwältigen, lieferte er uns das Beispiel einer höflichen, aber unerschütterlichen Absage an alles, was ihm in unserer Situation als nicht akzeptabel erschien.»[217] Für Breton wurde der Rundfunk zu einem Beispiel für die Inflation des Wortes im 20. Jahrhundert. In einer Rede vor französischen Studenten der Universität Yale erwähnt er am 10. Dezember 1942 *die Rundfunksender, die nicht mehr schweigen können, die das Wort nach Sekunden bemessen, gleichgültig, ob es Hörer gibt oder nicht, ob es etwas zu sagen gibt oder nicht; eine Zeit, in der sich die Wörter schneller als in jedem anderen Jahrhundert der Geschichte verbrauchen, eine Zeit der immensen Prostitution des Wortes. Was haben wir aus dem Wort gemacht! Welche Veränderungen auch immer nötig sind und kommen werden, man muß zu diesem Ursprung zurückkehren...*[218]

Aus alten Freunden im amerikanischen Exil und neuen Interessenten hatte sich wieder eine Gruppe um Breton formiert, die bald mit «VVV» eine eigene Zeitschrift besaß. Die Gruppe traf sich in der kleinen New Yorker Wohnung Bretons oder bei Peggy Guggenheim, die Max Ernst geheiratet hatte. Neben den alten und neuen Surrealisten fanden sich Persönlichkeiten wie Chagall, Piet Mondrian und Antoine de Saint-Exupéry unter den Besuchern der Treffen. Breton, der in Yale die Rückkehr zu den Ursprüngen der Sprache forderte, beschäftigte sich in jenen Kriegstagen intensiv mit den Möglichkeiten des Menschen, zur ursprünglichen mythischen Denkweise zurückzufinden. Die Vernunft allein hatte dabei versagt, die Welt unter Kontrolle zu bringen: Durch den Ausbruch des Zweiten Weltkriegs war ein neues Blutbad angerichtet worden, allen Großtaten des Verstandes zum Trotz. *Freud hat im «Es» die «Arena für den Kampf zwischen Eros und Todestrieb» gesehen. Angesichts der gegenwärtigen Ereignisse entfaltet diese Konzeption ihre ganze Brisanz. Was bei seinem Wiedereintritt ins sogenannte normale Leben enttarnt und gründlich entrümpelt werden muß, ist dieses unermeßlich düstere Feld des Es, in dem die Mythen sich aufblähen und von dem sich die Kriege nähren. Wie aber, werden Sie mich fragen, kommt man an dieses Feld heran? Ich behaupte, daß allein der Surrealismus sich mit der Lösung dieses Problems beschäftigt hat, daß er wirklich den Fuß in diese Arena gesetzt hat und daß er zu nützlichen Zwecken und im Blick auf ein Vorhaben, das seine Kräfte weit übersteigt, das er aber für dringlich gehalten hat, einige Wachposten*

dort aufgestellt hat: Energisches Vertrauen in den Automatismus als Sonde;
hartnäckige Hoffnung auf die Dialektik (Heraklits, Meister Eckharts, He-
gels) im Blick auf die Aufhebung der Antinomien, die den Menschen über-
wältigen; Anerkennung der Zwecke des objektiven Zufalls als Indiz der
möglichen Versöhnung der Zwecke der Natur und der Zwecke des Men-
schen; Wunsch, den schwarzen Humor, der bei einer bestimmten Tempera-
tur die Rolle eines Sicherheitsventils spielen kann, dauerhaft in den psychi-
schen Apparat zu integrieren; praktische Vorbereitung auf einen Eingriff in
die Mythen, der zunächst einer exzessiven Entschlackung gleichen wird –
dies sind und bleiben die fundamentalen Parolen des Surrealismus.[219]

Die *exzessive Entschlackung* der Mythen sollte keinen Triumph des
Verstands über die Mythen andeuten. War das tief im Unbewußten wur-
zelnde bildhaft-mythische Denken einmal als wesentliche und unaus-
löschliche Quelle menschlicher Wirklichkeit erkannt, kann es nur noch
darum gehen, eine Auswahl jener Mythen zu treffen, die heilsam auf Geschichte und individuelles Leben zu wirken vermögen. So sieht Breton in
bezug auf Hitlers Rassenwahn *die Renaissance gewisser Mythen, germani-*
schen Ursprungs, wie es scheint, die unvereinbar sind mit einer vernünftigen
Entwicklung der Menschheit[220]. Doch auch die ausgewählten Mythen,
deren Wirklichkeit es zu evozieren gilt, bedürfen zuvor einer Sichtung. Der
Mensch muß wissen, welche Götter er entfesselt.

Im Katalog einer Ausstellung, welche die Surrealisten im Herbst 1942
in New York veranstalteten, geht Breton in seiner Arbeit *De la survivance*
de certains mythes et de quelques autres mythes en croissance ou en forma-
tion (*Vom Überleben gewisser Mythen und von einigen anderen Mythen im*
Wachstum oder in Bildung)[221] auf die hiermit verbundenen Probleme ein.
Durch Zitate und Illustrationen stellt er fünfzehn alte und neue Mythen
vor, darunter *Das Goldene Zeitalter, Orpheus, Ikarus, Der Stein der Wei-*
sen, Der Gral, Der künstliche Mensch, Die interplanetare Kommunika-
tion, Der Messias, Der Mythos von Rimbaud, Der Übermensch und *Die*
Großen Transparenten.

Die Mythen werden dabei in einer kritischen Weise gewürdigt. Breton
kommentiert Ikarus, der den menschlichen Wunsch verkörpert, sich in
die Lüfte zu erheben, mit einer Zeitungsnotiz, die von der 50. Bombar-
dierung Düsseldorfs berichtet und somit den unheilsamen Auswuchs dieses urtümlichen Traums offenbart. Der Mythos vom Übermenschen wird
durch das Porträt Nietzsches, dem die amerikanische Comic-Figur des
Superman gegenübergestellt ist, interpretiert. Der Traum vom Hinaus-
wachsen über sich selbst entgleitet leicht zu Superman-Phantasien und
Allmachtswahn, und Breton fügt eine Passage aus de Sades «Juliette» an,
in welcher der finstere Minski seine aus lebendigen Menschen gefertigten
Möbelstücke zeigt. Nach diesem Ausflug zu den Frankenstein-Visionen
neuen Menschentums erweist sich Bretons Mythos von den *Großen*
Transparenten wie eine Befreiung von Zwangsvorstellungen: Die *Großen*

Breton in seinem Zimmer im Schloß Air-Bel, 1940

Transparenten, durchsichtige Wesen, die dem Blick des Menschen nicht zugänglich sind, deuten ihm an, daß ihm seine angemaßte Rolle als Krone der Schöpfung nicht zukommt.

In *Prolégomènes à un troisième manifeste du surréalisme ou non* (*Prolegomena zu einem Dritten Manifest des Surrealismus oder nicht*), gleichfalls 1942, stellt Breton diesen neuen Mythos vor: *Der Mensch ist vielleicht nicht das Zentrum, der Zielpunkt des Universums. Man darf vermuten, daß es in der Hierarchie des Lebens noch Wesen über ihm gibt, deren Verhaltensweisen ihm ebenso fremd sind wie seine Verhaltensweisen, sagen wir, der Eintagsfliege oder dem Wal. Nichts stellt sich der Annahme entgegen, daß diese Lebewesen seinen Sinnesorganen völlig unfaßbar sind dank*

119

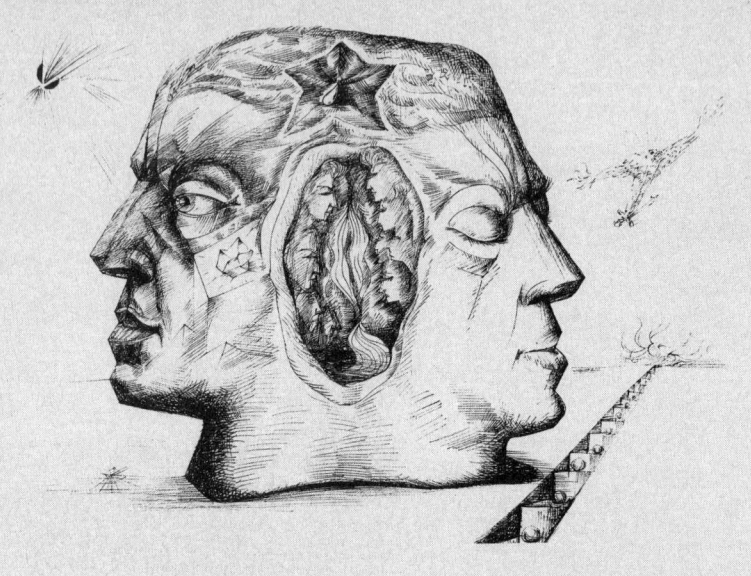

André Breton. Porträt von André Masson, 1941

der Tarnung, wie immer man sich diese auch vorstellen mag – allein die
Gestalttheorie und das Studium der tierischen Mimese bieten jedenfalls An-
haltspunkte dafür. Es steht außer Zweifel, daß sich dieser Idee das weiteste
Feld der Spekulation eröffnet, wenngleich sie dem Menschen den beschei-
denen Platz zur Interpretation seines eigenen Universums anweist, den eine
Ameise in den Augen eines Kindes einnimmt, das den Ameisenhaufen, in
den es soeben getreten ist, von oben betrachtet. Wenn man die Verheerun-
gen eines Zyklons betrachtet, denen der Mensch hilflos ausgeliefert ist, oder
die des Krieges, für die man uns die bis zum Überdruß wiederholten unzu-
reichenden Erklärungen liefert –: dann wäre es nicht unmöglich, in einem
breitangelegten, stets zu den kühnsten Folgerungen bereiten Werk der
Struktur und Verfassung solch hypothetischer Wesen bis zur Wahrscheinlichkeit nahezukommen, welche sich uns bereits dunkel in der Angst und in
der Empfindung des Zufalls bekunden.[222] Nachdem Breton William
James und Novalis («Wir leben eigentlich in einem Tiere – als parasiti-
sche Tiere. Die Konstitution des Tieres bestimmt die unsrige, et vice
versa») zu Zeugen angerufen hat, kommt Émile Duclaux, ehemaliger Di-
rektor am Institut Pasteur zu Wort: «Um uns treiben vielleicht Wesen, die

nach dem gleichen Prinzip wie wir gebaut, aber doch verschieden sind, Menschen zum Beispiel mit rechtsdrehenden Eiweißen.» [223]

Es stellt sich die Frage, wie ernst es Breton mit seinem Mythos von den *Großen Transparenten* war. Wollte er tatsächlich den Glauben an höhere Mächte verkünden? Diese unsichtbaren Wesen sind Personifikationen des objektiven Zufalls. In *L'Amour fou* hatte es angesichts der seltsamen Entfremdung, die Breton und seine Frau Jacqueline bei ihrem Spaziergang am Strand ergriff, geheißen: *Es ist, als wäre man in solchen Fällen das Opfer eines abgefeimten Komplottes von Mächten, die bis auf weiteres in tiefem Dunkel bleiben.* [224] Diese Mächte, das heißt jene Umstände, die den Menschen bedingen, nahmen jetzt in den *Großen Transparenten* Gestalt an. Um sie zu verstehen, ist der Begriff der *Transparenz* in zwei sei-

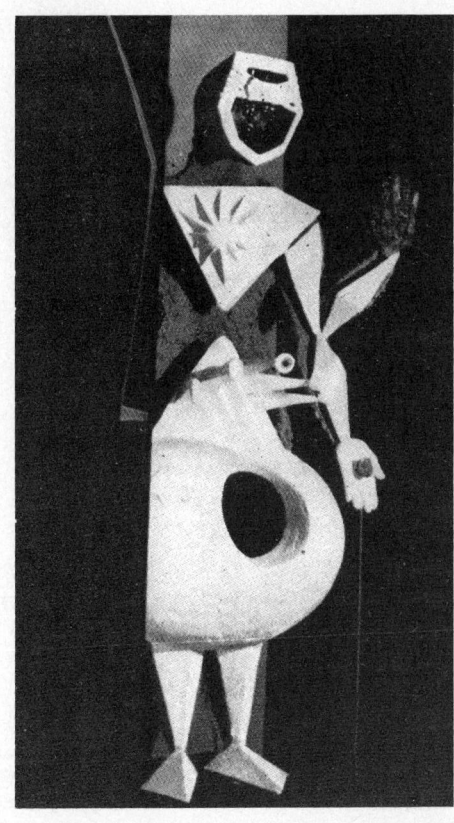

«Die Großen Transparenten».
Bronzeplastik von
Jacques Hérold, 1947

*Künstler im Exil, aufgenommen
in der Pierre Matisse Gallery in
New York 1942. Obere Reihe v. l.:
André Breton, Piet Mondrian,
André Masson, Amédé Ozenfant,
Jacques Lipschitz, Pavel Tchelitchew,
Kurt Seligmann, Eugène Bermann.
Untere Reihe v. l.: Matta Echaurren,
Ossip Zadkine, Yves Tanguy,
Max Ernst, Marc Chagall,
Fernand Léger*

ner Bedeutungen zu berücksichtigen. Da ist einmal die Durchsichtigkeit im optischen Sinne: Man blickt durch das Transparente; es selbst bleibt daher unsichtbar. Darüber hinaus bedeutet *transparent* auch «durchschaubar» im Sinne von «einsichtig». Die *Großen Transparenten* verkör-

pern somit beide Charakteristika des objektiven Zufalls: Die Bedingtheit des Menschen durch ihm in ihrer Komplexität verborgene Gegebenheiten und die subjektive Freiheit, die in der Erkenntnis derselben erfahren wird. Nicht der eine Schöpfergott, an den allein zu denken schon heißt, *allem sein Maß aufprägen*[225], sondern die Götter scheinen zurückzukehren. Doch im Gegensatz zu den alten Göttern der Mythologie sind Bretons *Große Transparente* keine Individualitäten. Untrennbar verbunden mit den wechselnden Umständen der objektiven Wirklichkeit sind sie leer von Persönlichem, erscheinen als Ahnung von der Einbettung des Menschen in einen größeren Zusammenhang. *Ein neuer Mythos? Diese Wesen, soll man sie darin bestärken, Wahngebilde zu sein, oder ihnen Gelegenheit geben, sich uns zu entdecken?*[226]

1943 wurde André Breton von seiner Frau Jacqueline verlassen. Der Mythos von der ursprünglichen Androgynität, den er in *L'Amour fou* durch die Begegnung mit Jacqueline beschrieben hatte, kam für das eigene Leben ins Wanken. In die schwierige Zeit der Trennung von Frau und Kind fiel auch das Zerwürfnis mit Charles Duits. Dieser junge Dichter war als Schüler zu Breton gekommen und ihm im Exil wichtig geworden. Von Angehörigen der Gruppe wurde Duits bereits als «Kronprinz» (Robert Lebel) des Surrealismus betrachtet. Doch nach einer Phase großer Begeisterung für Breton löste er sich von dessen starkem Einfluß.

In einem New Yorker Restaurant traf Breton die Chilenin Elisa Claro-Bindhoff. Diese Begegnung, der wir in der Folge *Arcane 17* verdanken, erschien wie eine Erlösung aus der Verzweiflung von Exil und Trennungen. 1944 verließen Breton und Elisa die Stadt. Sie fuhren an die Mündung des Sankt-Lorenz-Stroms, auf die kanadische Halbinsel Gaspé, wo er mit der Niederschrift von *Arcane 17* begann. 1945 folgte dann eine Reise in den Westen der USA. Als Lektüre begleiteten die Gesammelten Werke von Charles Fourier das Paar.

Fouriers aus esoterischen Traditionen gespeiste Sozialphilosophie bleibt nicht wie die der Begründer des sogenannten wissenschaftlichen Sozialismus bei einer Analyse der ökonomischen Verhältnisse stehen. Begierde und Leidenschaften müssen nach Fourier zur Verwirklichung einer universellen Harmonie befreit werden. Seine Sozialutopien, sein in surrealistischem Sinn wunderbares System von Analogien und Harmonien waren Offenbarungen für Breton, der in Fourier einen der großen Vordenker des Surrealismus entdeckte, welcher *1818 die absolute Notwendigkeit proklamiert hat, «den Menschenverstand neu zu schaffen und alles, was man gelernt hat, zu vergessen», was erforderlich macht, daß man zuerst die weltweiten Übereinkünfte angreift und mit dem angeblichen «gesunden Menschenverstand» aufräumt*[227].

Aus der Auseinandersetzung mit dem Sozialutopisten entstand während der Reise die *Ode an Charles Fourier*. Breton hatte sich nach Reno in Nevada begeben, *wo ich mich scheiden lassen und an Ort und Stelle neu verheiraten wollte, wie das dort üblich ist. Im Garten der Pension, in der wir – meine zukünftige Frau und ich – wohnten, habe ich mit der Niederschrift der Ode begonnen. Mag sein, daß sie etwas von der so einzigartigen Atmosphäre*

Charles Fourier.
Aquatinta von
G. Gorvel nach Gigoux

von Reno hat, wo die Wände sowohl der Lebensmittelläden als auch der
Postämter über und über mit «Groschenautomaten» bedeckt sind... vor
denen die Menge all derer zusammenströmte, die sich nach einem anderen
Eheleben, nach den Cowboys und den letzten Goldsuchern sehnten.[228]

Den Höhepunkt dieser Reise bildete der Besuch in einem Reservat der
Hopi-Indianer. Hier wurde Breton im August Zeuge des berühmten
Schlangentanzes, der am sechzehnten Tag der Schlangen-Gabelbock-Ze-
remonie zur Aufführung kommt. Bei diesem Ritual, das dem Herbeiführen von Regen dient, tanzen Indianer mit lebenden Klapperschlangen im
Mund. Diese Vereinigung von Mensch und Natur war für Breton wie die
Illustration eines Grundgedankens Fouriers, für den es *außer Frage stand,*
daß die Natur und die Seele des Menschen nach ein und demselben Muster
geprägt sind. Und so galten Bretons Assoziationen in der Begegnung mit
den Hopi der Lehre Charles Fouriers, den er in der *Ode* anspricht: *Ich*
grüße dich vom Fuße der Leiter die geheimnisumwittert in die Hopi-Kiva
hinabtaucht die unterirdische Kammer an diesem 22. August 1945 in Mis-
hongnovi zu der Stunde da die Schlangen mit einer allerletzten Windung zu
verstehen geben daß sie bereit sind ihre Vereinigung mit einem Menschen-
mund zu vollziehen. Die *Ode* läßt das Hopi-Dorf zum Symbol des Phalan-

125

steriums werden, jener nach Fouriers System idealen Wohnstätte, in der Mensch und Tier in Harmonie mit Natur und Universum leben. Die Begegnung mit einem Volk, das seine Mythen lebt und feiert, erscheint als Gegenbild zur europäischen Zivilisation, wenn sich Breton an Fourier wendet:

> *Weil mehr und mehr der Sinn für Feste verloren geht*
> *Weil Europa das im Begriff ist in Schutt und Asche zu sinken*
> *nichts Besseres einfällt als Verbotsmaßnahmen*
> *gegen das Konfettiwerfen zu ergreifen...*
> *Ich grüße dich von dem Zeitpunkt*
> *an dem die indianischen Tänze soeben zu Ende gingen*
> *Im Herzen des Gewitters*
> *Eine Mandel die wie ein Opal ist*
> *der seine tiefsten Gluten in die Nacht verstrahlt*[229]

Ende 1945 reiste Breton nach Haiti, wo er sich besonders für die Riten des Wodu interessiert. Seine politischen Ideen fanden bei der studentischen Jugend der Hauptstadt begeisterte Aufnahme. Als die Zeitschrift «La Ruche», die Bretons Aussagen wiedergeben wollte, deswegen von der Zensur beschlagnahmt wurde, kam es zu einem Studentenprotest. Dieser weitete sich rasch zu einem landesweiten Generalstreik aus, der schließlich zum Sturz der Regierung führte. Das einzige Mal in der Geschichte des Surrealismus hatte sein revolutionärer Funke, wenn auch nur kurz und indirekt, auf ein Volk übergegriffen.

1946 kehrte Breton mit Elisa ins befreite Paris zurück. Erstmals zeigte er sich öffentlich am 7. Juni im Théâtre Sarah-Bernhardt, wo ein Gala-Abend für Antonin Artaud stattfand, den man seit 1937 in Psychiatrischen Kliniken festgehalten hatte. Nun war er entlassen worden. Sartre, Simone de Beauvoir, der Maler Georges Braque, Picasso und der Plastiker Alberto Giacometti hatten neben anderen Manuskripte und Bilder für eine Versteigerung zur Verfügung gestellt, um Artauds Lebensunterhalt zu sichern. Bretons Begrüßungsrede für den alten Freund, zu dem er trotz harter Differenzen und Streitigkeiten stand und dessen Werk er schätzte, endete: *Das Drama besteht darin, daß die Gesellschaft, der anzugehören wir uns weniger und weniger beglückwünschen, es zum unsühnbaren Verbrechen erklärt, wenn einer hinter den Spiegel geschaut hat. Im Namen dessen, was mir heute mehr denn jemals am Herzen liegt, begrüße ich die Rückkehr Antonin Artauds in die Freiheit in einer Welt, in der die Freiheit selbst erst wiederhergestellt werden muß. Jenseits der prosaischen Widersprüche gehört Artaud, der wunderbaren Person, mein ganzes Vertrauen. Ich grüße in Antonin Artaud die rasende, heroische Verneinung all dessen, was uns am Leben sterben läßt.*[230]

Ausklang

Bretons in New York umrissene Konzeption eines neuen Mythos hatte für ihn durch die Teilnahme an den Zeremonien der Hopis und an magischen Handlungen des Wodu-Kults in Haiti Bestätigung erfahren. Mit der von ihm konzipierten Ausstellung *Le Surréalisme en 1947* wollte er einen Impuls zur möglichen Remythisierung in Europa geben. Die Galerie Maeght in Paris wurde daher im Sinne einer Initiationsstätte ausgestaltet. Über 21 Treppenstufen, die nach den Karten des Tarot bezeichnet wurden, stieg der Besucher zur Ausstellung auf. Die Vision des siebzehnten Tarot-Arkanums, einer weiblichen Gestalt, die aus zwei Krügen heißes und kaltes Wasser ausgießt, hatte schon in *Arcane 17* eine wesentliche Rolle gespielt. Wer über die Treppe kam, durchlief nun symbolisch 21 mythische Bilder, in denen sich nach esoterischer Tradition das gesamte Spektrum menschlicher Bewußtseinsmöglichkeiten spiegelt. Nach diesem Aufstieg kam man in den «Saal des Aberglaubens», einen Raum, dem man durch entsprechende Bespannung mit einem grünen Tuch die Form eines Eis gegeben hatte. Von einer Dachluke, die in die grüne Eierschale eingesetzt war, fiel der Blick auf Max Ernsts berühmtes Ölbild «Euklid» (1945). Dieser «Saal des Aberglaubens» beherbergte noch weitere Werke von Gruppenmitgliedern, die in den USA geblieben waren. Um aus dem Ei des Aberglaubens auszubrechen, sollte der Besucher durch einen reinigenden Regenschauer gehen. So geläutert konnte er in das «Labyrinth» eintreten. In diesem befanden sich zwölf Altäre, die möglichen surrealistischen Mythen geweiht waren, darunter einer für die «Haare Falmers» nach einem Motiv bei Lautréamont, einer für Léonie Aubois d'Ashby aus Rimbauds Gedicht «Dévotion» und einer für Bretons *Große Transparente*, wofür Jacques Hérold eine mächtige Statue schuf.

Durch die Ausstellung wurde dem Surrealismus in Paris viel Beachtung geschenkt. Junge Künstler und Dichter fühlten sich angezogen und Breton gab der surrealistischen Bewegung wieder ein Zentrum der Koordination («Cause»), wie es in den ersten Tagen bestanden hatte. Insgesamt jedoch war dem Programm des neuen Mythos wenig Erfolg beschieden. Es ist mit Recht kritisiert worden, daß die vielfach aus der Literatur gewonnenen mythischen Bilder einen zu exklusiven Charakter hatten, um

Internationale Surrealismus-Ausstellung, Galerie Maeght, Paris 1947.
Treppe aus 21 «heiligen» Buchtiteln «des Aberglaubens»

weitergehende Wirkung oder allgemeinere Gültigkeit erlangen zu können. Georges Bataille, auf dessen Mitwirken Breton bei seinem Versuch, mythischem Denken zum Durchbruch zu verhelfen, gehofft hatte, vertrat die Auffassung, daß in der Gegenwart als einzig verbindlicher Mythos jener von der Abwesenheit eines verbindlichen Mythos gelten könnte.

So war das Schicksal des Nachkriegs-Surrealismus eine unfreiwillige Variante jener Verheimlichung, die Breton im *Zweiten Manifest* gefordert hatte: Er wurde zu einem esoterischen Zirkel, während zugleich doch vieles, was aus seiner Wurzel kam, Weltgeltung erlangte. Maler, deren Bilder einst dem surrealistischen Experiment entstammten, erlangten einen hohen Marktwert. Stolz führte Salvador Dalí die Spottbezeichnung *Avida Dollars* (*Dollarjäger*), die Breton ihm durch Neuordnung der Buchstaben seines Namens gegeben hatte. Luis Buñuel, der stets betonte, «daß die Begegnung mit der Gruppe das entscheidende Ereignis meines Lebens war, das seinen weiteren Verlauf bestimmte»²³¹, und dessen Filme ganz dem Geist des Surrealismus entsprangen, berichtet von einem Gespräch, das er 1955 mit Breton führte. Deutlich ist etwas von Resignation aus Bretons Worten zu entnehmen. «Ich fragte ihn, warum Max Ernst aus der Gruppe ausgeschlossen worden sei – man warf ihm vor, daß er den Großen Preis der Biennale von Venedig angenommen hatte. – Was soll man machen, mein lieber Freund, antwortete Breton, wir haben uns von Dalí getrennt, als er ein übler Händler geworden war, und jetzt macht Max dasselbe. – Breton schwieg einen Moment, dann fügte er mit einem Ausdruck tiefen, wirklichen Kummers im Blick hinzu: Es ist traurig, mein lieber Luis, aber mit dem Skandal ist es vorbei.»

Revolte und Aufbegehren für menschliche Werte waren im Europa des Aufbaus nach dem Krieg einer fast ausschließlichen Orientierung an ökonomischen Zuwachsraten gewichen. Es muß in der Tat schmerzlich für Breton gewesen sein, zu sehen, wie alte Mitglieder seiner Gruppe, die einst seine Ideale teilten und dafür Sicherheit und Ansehen aufs Spiel setzten, nun gleichfalls den anderen Weg einschlugen. 1950 zeigte Breton,

Luis Buñuel vor Dalís Buñuel-Porträt

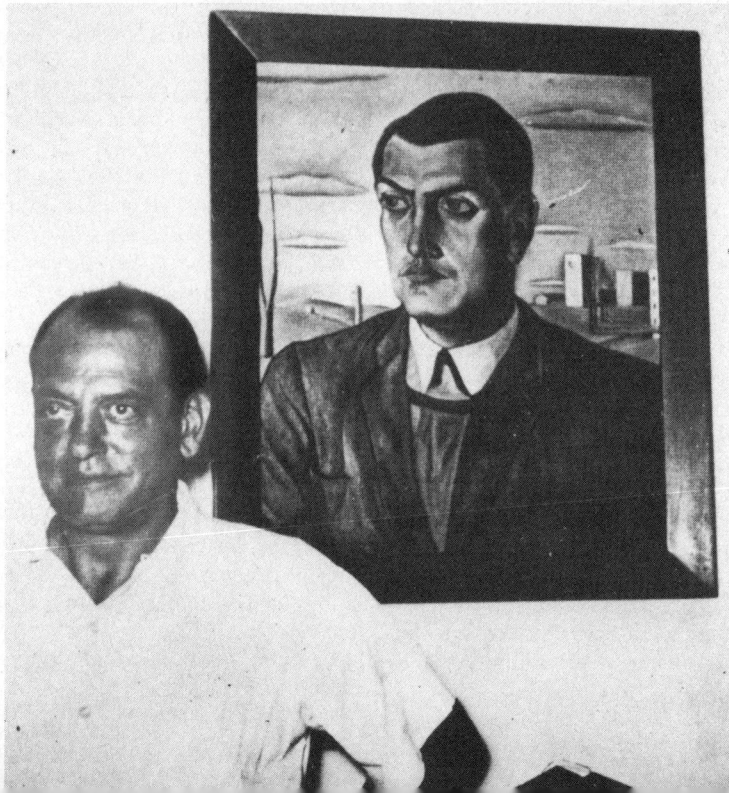

indem er eine Verleihung des Preises der Stadt Paris schon bei Vorgesprächen kategorisch ablehnte, daß ihm nicht an der Anerkennung von seiten offizieller Stellen gelegen war.

Andere ehemalige Mitglieder wie Aragon und Éluard hatten ihre Sicherheit in der Kommunistischen Partei gefunden, zu deren linientreuen Angehörigen sie wurden. Für Éluard war es die Erfahrung der Besetzung Frankreichs und des Widerstands, die ihn wieder zur Partei führte, deren politische Linie er jetzt unkritisch zu der seinen machte. Breton schrieb ihm am 13. Juni 1950 einen Offenen Brief, um ihn aufzufordern, sich für den in Prag von den stalinistischen Machthabern zum Tode verurteilten Závis Kalandar einzusetzen, den beide von einer Reise zu den tschechischen Surrealisten 1935 kannten. *Vor fünfzehn Jahren sind wir, Du und ich, auf Einladung unserer Freunde, der tschechischen Surrealisten, nach Prag gereist. Wir haben dort Vorträge gehalten und Interviews gegeben. Ich weiß, daß Du erst neulich dort sehr gefeiert worden bist, freilich auf eine konventionellere, offiziellere Weise.*[232] Breton zitiert aus dem von Kalandar erpreßten Geständnis: «Mein Ziel war, die Verschärfung der Blockade zu erreichen, die der Tschechoslowakei vom westlichen Imperialismus aufgezwungen wurde, um ihre wirtschaftliche Prosperität zu behindern und das Land der Marshallisierung in die Arme zu treiben.» Und er richtet die Frage an Éluard: *Wie kannst Du es in Deinem Inneren ertragen, daß die Menschen in der Person dessen, der sich als Dein Freund erwiesen hat, auf diese Weise erniedrigt werden?*[233] Éluards Antwort erschien in der Zeitschrift «Action»: «Ich habe zuviel mit Unschuldigen zu tun, die ihre Unschuld beteuern, um mich mit Schuldigen abzugeben, die ihre Schuld beteuern.» Breton, dessen politische Anschauung in der Zeit nach dem Krieg von den Ideen Charles Fouriers geprägt war, brandmarkte wiederholt den Stalinismus auch in seinem Zwang zum «sozialistischen Realismus» in der Kunst. *Es sind nicht nur eine Handvoll Leute, die meinen, daß der «sozialistische Realismus» ein weiterer Betrug ist, einem Regime anzukreiden, das, während es die menschliche Freiheit abschafft, systematisch die Wörter korrumpiert, die auf universelle Brüderlichkeit verweisen, und das in abscheulicher Weise sich der Menschen entledigt, die nicht rechtzeitig den Nacken gebeugt haben, das deshalb nach seinem totalitären Charakter, also insgesamt beurteilt werden muß.*[234]

Wie in seinen jungen Jahren erblickte Breton im Nationalismus eines der größten Übel. Er unterstützte 1948 die Weltbürgerbewegung, die besonders öffentlichkeitswirksam wurde, als der ehemalige amerikanische Kriegspilot Garry Davis die Vollversammlung der UNO unterbrach, um eine Weltregierung zu fordern. Aufsehen erregten die politischen Stellungnahmen der Surrealisten und ihre Zusammenarbeit mit Gruppen der undogmatischen Linken jedoch nicht mehr.

Obwohl der berühmtesten Köpfe beraubt, politisch isoliert und zu einem esoterischen Zirkel geworden, arbeitete die Gruppe um Breton konsequent auf der eingeschlagenen Linie weiter. Eine wichtige Station war die Erfindung des Spiels *L'un dans l'autre* (*Eines im anderen*) im März 1953. Breton saß mit Freunden in einem Pariser Café, und die Diskussion kreiste um ein Hauptthema des Surrealismus, jenes der Analogie. Bisher hatten die Surrealisten ihr Augenmerk auf offensichtliche Entsprechungen, Ähnlichkeiten und Gleichzeitigkeiten gelenkt. Nun gelangte Breton zur Auffassung einer universellen Entsprechung zwischen allen wahrnehmbaren Dingen. Gerade war er dabei, ein Streichholz zu entzünden, als ihm der Gedanke kam, er könnte durch dieses einen Löwen beschreiben. *Es kam mir sofort so vor, als ob die Macht der Flamme in diesem Falle die Mähne würde, und daß ab da wenige Worte ausreichten, die darauf abzielten, das Streichholz zu unterscheiden und ausführlich zu schildern, um den Löwen auf die Beine zu stellen.*[235]

Einige Monate später kam Benjamin Péret nach Saint-Cirq-Lapopie (Lot). Breton hatte 1950 in diesem malerischen Wehrdorf ein Haus erworben. Beide widmeten sich dem Versuch, herauszufinden, ob jedes Objekt durch jedes beliebige andere beschreibbar wäre. Man ging davon aus, daß die Versuche auch Beziehungen zwischen Objekt und Person, historischem Ereignis oder Gemütszustand einschließen könnten. Verborgene Analogien sollten aufgedeckt werden. So versuchten sie ein Ei vermittels einer Partie Karten zu bestimmen: *Das Ei ist eine Partie Karten, nicht mit roten und schwarzen, sondern gelben und weißen Karten gespielt. Bei Androhung des Spielabbruchs dürfen die Karten nicht geschlagen werden. Der Sieger, der keine Haare, sondern Federn hat, kommt naß daraus hervor, und seine Mutter kommt sogleich, um ihn in Obhut zu nehmen.*[236] Um herauszufinden, ob sich tatsächlich jedes Ding, jede Person oder Handlung durch jedes andere Objekt charakterisieren läßt, wurde hieraus ein Rätselspiel entwickelt. So versucht Breton ausgehend von einem Wildschwein das Objekt «Schokoladenriegel» zu umschreiben: *Ich bin ein Wildschwein von sehr kleiner Ausdehnung, das in einem Unterholz lebt von sehr glänzendem, metallischem Aussehen, umgeben von mehr oder weniger herbstlicher Belaubung. Ich bin um so weniger furchtbar, als mir das Gebiß äußerlich ist: Es besteht aus Millionen Zähnen, bereit auf mich loszustürzen.*[237]

Das Ratespiel *bietet zufälligerweise das Mittel, die Poesie auf den geheiligten Weg zurückzubringen, der ihrer war und von dem sie zu vertreiben sich alles verschworen hat... Die Beziehung von Objekt zu Objekt stellte sich in ihrer ganzen Ursprünglichkeit ein und nahm demonstrative Geltung an.*[238] Breton und seine Freunde hatten sich ein Fenster zur universellen Analogie eröffnet. Da sich in der Perspektive des Menschen alles entsprechen konnte, fiel der Blick aus diesem Fenster auf eine universelle Harmonie. Das surrealistische Ritual näherte den Menschen durch ein poetisches Spiel dem Erlebnis einer Wunderwelt von Entsprechungen:

Fouriers analogische Betrachtungsweise des Universums, die inspiriert an esoterischen Überlieferungen zu phantastischen mythischen Systemen führte, wird dahingehend erweitert, daß der Mensch als Schöpfer oder aktueller Entdecker der harmonischen Entsprechungen auftritt. Hatte der Automatismus in der Frühzeit des Surrealismus eine Substanz des menschlichen Wesens in Frage gestellt, geschah nun dasselbe mit der wahrnehmbaren Welt. In der Konsequenz läßt *L'un dans l'autre* alles Existierende als ein Spiel von Akzidenzen erscheinen, in dem restlos alles zur Erscheinungsform eines anderen zu werden vermag. *Zerstörend, bauend, lebend zu zweit sein, bedeutet schon: alle zugleich sein und nicht mehr nur derjenige, der ich gerade bin. Jeder Sonnenhalm ist einer Schneeflocke fähig, jede ausgestreckte Hand eines bekannten Blicks*[239], hatte es schon anläßlich der *Unbefleckten Empfängnis* geheißen. Wenn *jeder Sonnenhalm einer Schneeflocke fähig* ist, wenn der Mensch *Eines im anderen* erkennt, kann aus diesem Weltbild der Nicht-Substantialität gefolgert werden, daß er ein Ding in ein anderes zu verwandeln vermag. Tatsächlich wurde die Magie zur letzten Station im Surrealismus Bretons.

Die magische Weltauffassung, wie er sie bei den Hopis und im Wodu

Café de la Place Blanche im März 1953. Von links nach rechts und von unten nach oben: Man Ray, Ernst, Giacometti, Breton, Péret, Toyen, Doumzyrou, Clovis Trouille, Andralis, Bédouin, Duprey, J. Duprey, Gérard Legrand, Nora Mitrani, Hantaï, Bernard Roger, M. Dors, F. Valarbe, Julien Gracq, Elisa Breton, José Pierre, Sarah und AdoKyrou, Juliet Ray, W. Paalen, Wifredo Lam, J. Schuster, Trost

kennengelernt hatte und nach der er in den esoterischen Traditionen Europas suchte, geht von einer ganzheitlichen Erfahrung aus: Der Mensch existiert in der Bewußtheit seines Eigenseins, doch ist seine Selbsterfahrung eine offene, eingebunden in die netzartige Welt wechselseitiger Beeinflussungen und Abhängigkeiten. Der Einzelne ist verflochten mit der Natur wie mit der Menschengruppe, in die er geboren wurde. In dieses Netz verknüpft handelt der magische Mensch. Auch wenn er Einfluß ausüben möchte auf die Natur oder andere Wesen und seinen Zauber geltend macht, agiert er niemals von außen als isolierter, sondern Kraft seiner Verbindung mit allem als Teil des Ganzen. Dieser aktive Anteil des zaubernden Menschen, die Tatsache, daß er durch seine Macht die Welt verändern kann und will, führte den Surrealismus zur Magie.

Die Freiheit, die aus dem Erkennen des objektiven Zufalls gewonnen wurde, war zunächst eine Freiheit in Ohnmacht. Sie hatte nicht das menschliche Subjekt, sondern vielmehr den Menschen vom Subjekt befreit, indem er es als Produkt der Umstände entlarvte: Breton mußte Nadja treffen, mußte sich bei einem Strandspaziergang mit Jacqueline entzweien. Er war ein Opfer der *Großen Transparenten*. Hier hatte

Breton in seinem Arbeitszimmer, 1956. An der Wand das Gemälde von Dalí «Guillaume Tell», 1930

stets ein Widerspruch zum Auftreten als revolutionäre Bewegung und zum Aktionismus der Surrealisten bestanden. Das Ich, das in der Erfahrung des Automatismus als ein relatives und in der Folge als ein ohnmächtiges erschien, erhielt nun seinen Platz in der surrealistischen Theorie. Der Mensch, der die Gesetzmäßigkeiten des großen Bedingungszusammenhangs erkennt, kann willentlich handeln. Der Begriff der Magie wird im Surrealismus damit zum Symbol der Freiheit des Menschen, die Welt zu verändern. Hatte Breton immer das *Wunderbare* in der Verschmelzung von Gegensätzlichkeiten gesucht, fand er im Ich die größte solche Vereinigung: Es ist zugleich sowohl von den objektiven Gegebenheiten bedingt und damit vorbestimmt als auch frei zum willentlichen Handeln.

In Bretons Magie geht es daher nicht um das Herbeiführen von Regen oder andere Akte der Zauberei, sondern um das *Wunderbare*, das ein menschliches Einwirken auf die Realität darstellt. In der Zeit zivilisatorischer Ernüchterung sah Breton vor allem in der Kunst den Ort der Magie. 1955 verschickte er an Philosophen, Ethnologen, Psychologen, Kunsthistoriker, Dichter und Esoteriker einen Fragenbogen: *Kürzlich wurde gesagt (J. A. Rony, La Magie), daß «die Zivilisation die Fiktion der Magie zunichte gemacht hat, um die Magie der Fiktion in der Kunst zu vergrößern». Würden Sie dieser Meinung beipflichten? Da der alte Magier und der moderne Künstler (der erste, indem er auf die Wirklichkeit, der zweite, indem er auf das Imaginäre einwirkt, dessen Rückwirkung auf die Wirklichkeit, früher oder später, unleugbar ist) auf Mittel und Wege sinnen, die Welt zu bezaubern: würden Sie daraus folgern, daß beide demselben Leitfaden folgen, und welcher Natur ist Ihrer Meinung nach dieser Faden?* Weitere Fragen wollten wissen, ob eine Rehabilitierung der Magie gefährlich, unheilvoll oder wünschenswert wäre, und ob magische Gegenstände imstande sind, in das persönliche Leben einzugreifen. Die zum großen Teil sehr ausführlichen und unterschiedlichen Antworten veröffentlichte Breton 1957 in dem unter Mitarbeit Gérard Legrands verfaßten Buch *L'Art magique*. Er stellte die Antworten dort seiner eigenen Darstellung der «magischen Kunst» voran. *L'Art magique* ist vor allem das Zeugnis einer umfassenden subjektiven Kunstgeschichtsschreibung. Breton spannt hier einen Bogen von der prähistorischen Kunst und jener ursprünglichen Völker über das Mittelalter und die Neuzeit bis zum Surrealismus als der *wiedergefundenen Magie*. Daß dieses Buch in limitierter und numerierter Auflage erschien, kann als Kennzeichen des Rückzugs der Surrealisten in einen esoterischen Zirkel gelten. Auch Bretons öffentliche Auftritte wurden seltener. Zwei große Kunstausstellungen erlebte der Surrealismus noch in Paris: 1959/60 EROS (Exposition inteRnatiOnale du Surréalisme) in der Galerie Cordier, bei der Meret Oppenheims «Kannibalenfestmahl» einiges Aufsehen erregte, und 1965 L'Écart absolu in der Galerie de l'Œil. Das Motto der letzteren, eine «vollkommene Abweichung» von allem Gewohnten und Eingefahrenen, findet sich als Idee und Terminus bei Fourier.

In den letzten Jahren hatte Breton manches seiner grundlegenden Werke neu herausgeben. *Nadja* war 1963 in überarbeiteter Form erschienen, sein Hauptwerk zur Kunst 1965, *Le surréalisme et la peinture*. Vermehrt um zahlreiche Aufsätze wurde es zu einem Klassiker der Kunstkritik. Trotz weitgehendem Rückzug von der Öffentlichkeit gehörte ein großer Teil seiner Zeit und seines Interesses jungen Leuten, die als Dichter oder Künstler zum Surrealismus fanden und die er in seinem Landhaus oder in Paris empfing.

Am 27. September 1966 mußte er wegen akuter Atembeschwerden von Saint-Cirq nach Paris gebracht werden, wo er am folgenden Morgen im Krankenhaus starb.

Im ersten *Manifest* verfügte Breton: *Ich für meinen Teil bitte darum, in einem Möbelwagen zum Friedhof gefahren zu werden. Meine Freunde mö-*

André Breton, um 1965

gen bis aufs letzte Exemplar die Ausgabe des *Discours sur le peu de Réa-lité* vernichten.[240] Fünftausend Menschen gaben ihm das letzte Geleit. Als der Trauerzug tatsächlich an einer Reihe Möbelwagen vorüberkam, war den Freunden dies wie ein Wink. Zur Grabinschrift wählten sie einen Satz aus der *Introduction au Discours sur le peu de Réalité:*

Je cherche l'or de temps – Ich suche das Gold der Zeit

Was bleibt?

Die offizielle Würdigung, die Breton zeit seines Lebens ablehnte, ist nach dem Tod nicht ausgeblieben. Paris hat mittlerweile eine «Allée André Breton», einen Fußweg auf dem Areal der ehemaligen Markthallen, nur wenige Minuten vom «Chien qui fume» («Rauchender Hund»), einem einstmals typischen Lokal dieser Gegend, das in *Tournesol* erwähnt wird. Das Viertel der Markthallen gehörte zum Paris der Surrealisten mit seinen geheimnisvollen Plätzen und mythischen Orten. Was hätte Breton von der Entzauberung der Stadt gehalten, vom Abreißen der Hallen und ihrer Ersetzung durch ein unterirdisches Einkaufszentrum, darüber ein langweiliger Park, in dem ein Fußweg seinen Namen trägt? Gerade weil diese Gegend mit dem Werk der Surrealisten in Verbindung steht, erscheint eine solche Verewigung Bretons leicht als Zynismus. Man mag sie auch als Symbol für die Rezeption Bretons und seines Surrealismus sehen.

Die Gruppe der Surrealisten bestand nach seinem Tod noch einige Monate weiter, ohne daß es zu nennenswerten Aktivitäten gekommen wäre. Schließlich gab man offiziell die Auflösung bekannt. Ein institutionalisierter Surrealismus schien ohne den Motor Breton nicht denkbar. Das Leben der Gruppe und die surrealistische Theorie in allen ihren Wandlungen, Brüchen, aber auch in der Konsequenz ihrer Entwicklung hatten zweifellos in Breton und seinem Denken ihr Zentrum.

Was aber blieb? Ein Dichter, der seiner Stadt eine Straße wert ist, weil mit ihm einer der neueren «Ismen» verbunden ist, dem die französische Kultur der Moderne ihren Ruf verdankt? Ein Autor, den man gern liest, weil er mit Büchern wie *Nadja* und *L'Amour fou* den Sinn für das Geheimnisvolle anspricht? Ein Theoretiker mit lediglich historischer Bedeutung, der durch die Beschreibung seiner Experimente andere Literaten und Künstler zu gleichartigen anregte? Zweifellos bleibt all dies.

Doch was Bretons Einfluß auf Künstler der Moderne angeht hat sich seine Persönlichkeit häufig dem Nachruhm entgegengestellt. Nicht als Anreger eines Dalí, Ernst oder Buñuel kennt ihn die Geschichtsschreibung in der Regel, sondern er geistert als unduldsamer «Papst des Surrealismus», der dogmatisch an seinen Theorien hing und die Künstler in deren Sinn bevormunden wollte, durch die Literatur zum Thema. Auch wenn dies nicht ganz unzutreffend ist, hat es doch den Blick für tatsächliche Einflüsse getrübt. Häufig waren es auch die Künstler der klassischen Surrealistengruppe der Zwischenkriegszeit, die vergangene Einflüsse relativierten. Einmal etabliert, distanzierte man sich von der Revolte des Surrealismus. Oft gab es wohl auch persönlichen Groll gegen Breton, der unversöhnlich jeden aus der Gruppe ausschloß und zum Opfer seiner öffentlichen Polemik werden ließ, der ihm das Geschäft über die Ideale zu stellen oder ein politischer Verräter zu werden schien.

Was blieb von seinem Surrealismus als Lehre? Kaum wird er heute, wurde er überhaupt je unter dem Blickwinkel der von ihm entwickelten Theorien betrachtet. Ein Grund dafür ist seine historische Erscheinungsform. Aus dem Spiritismus entlehnte Praktiken, ritualisierte Kinderspiele, das ganze Auftreten der Gruppe mit ihren Skandalen und öffentlichen Provokationen bieten eine anekdotische Fassade, die dahinter kaum Ansätze vermuten läßt, die mehr sein wollen als Parodie. Wo Theoretisches ernst gemeint scheint, fußt es terminologisch auf anderen Systemen, der Psychoanalyse, dem Marxismus, esoterischen Traditionen oder dem Anarchismus. Zieht man jene jedoch als wesentliche Grundlage einer Einschätzung des Surrealismus heran, zeigt dieser sich entweder als ein wirrer Eklektizismus oder man gerät auf die Ebene bloßen Feststellens von Identität und Abweichung: Surrealismus wird dann zum häretischen Marxismus[241], zu einer spezifischen Form des Anarchismus[242] oder die «dialektisch ganzheitliche Wirklichkeitskonzeption des Surrealismus» erscheint als Vorläuferin der New Age-Visionen einer «naturwissenschaftlich-spirituellen Avantgarde»[243]. Bretons Surrealismus macht es dem Interpreten schwer. Vielleicht ist zu wenig beachtet worden, daß es ihm nicht um Theorie, sondern um Erfahrungen ging, die sich nur nachvollziehen ließen auf dem Weg des Automatismus, der surrealistischen Spiele, des engen Kontakts in der Gruppe.

Sicher gibt es Inhaltliches, das inzwischen vertraut wirkt: Die heute geläufige Verbindung von Marxismus und Psychoanalyse ist von den Surrealisten erstmals versucht worden. Das Interesse an esoterischen Traditionen klingt aktuell, ebenso die Berufung auf die Kulturen Asiens und der Indianer. Was den Brückenschlag von Marx zu Freud betrifft, wurde er von Philosophen der Neuen Linken fundierter versucht. Und über die außereuropäischen Kulturen wußte die zeitgenössische Wissenschaft mehr als der klassische Surrealismus. Doch für den waren all diese Dinge meist nur Etiketten für sein Programm, nicht sein Wesen.

Läßt sich ein solches kennzeichnen? Als eine Philosophie der Nicht-Substantialität, des *Eines im anderen*, der Relativität des Ich, das sich aus der Natur, den Umständen, der Gruppe definiert? Aber auch dieser durch das Werk Bretons verfolgbare Ansatz ist theoretischer Überbau der Erfahrungen, um die sich sein Werk dreht: Das unmittelbare Erleben der Bedingtheit der eigenen Existenz, das Empfinden, Opfer der Umstände zu sein, und die Aussicht auf Befreiung, die im Erkennen und Miteinanderverschmelzen der bedingenden Umstände zu finden ist, das Verschmelzen des Subjekts mit dem Objekt der Begierde, das Verschmelzen aller getrennt erscheinenden Gegebenheiten überhaupt.

Peter Bürger schreibt in seiner Analyse der Dichtung Bretons, daß deren Bilder ihren Gegenstand aus dem Alltäglichen herauslösen, damit sie auf ein unbestimmtes «Anderes» verweisen. Es handelt sich um eine Allegorisierung, bei der die Bedeutung im Vagen bleibt. «Wenn Breton den Gegenstand zwar zum Bedeutungsträger macht, die Bedeutung sich aber trotzdem dem Zugriff entzieht, so hat das seinen Grund darin, daß im Gegensatz zum barocken Allegoriker, dessen Bilder in einem festen christlichen Bezugssystem stehen, der surrealistische Dichter kein solches Bezugssystem hat.»[244] Es läßt sich hinzufügen, daß er ein solches Bezugssystem auch nicht wünschte, war ihm doch jedes Bild Allegorie einer universellen Analogie, die zur Freiheit führte: *L'un dans l'autre*, die letzte Konsequenz des surrealistischen Bildes, neutralisierte mit ihrem Angriff auf die Identität der Dinge jede Bedeutung. Text und dadurch hervorgerufenes Vorstellungsbild wurden zu Mitteln eines Überwindens der phänomenalen Welt, eines Zurück zum unbewußten Strömen der Natur im Menschen. Der surrealistische Marxismus mit seinem Ruf nach Aufhebung der gesellschaftlichen Widersprüche ist wie der surrealistische Anarchismus eine konkrete Konsequenz des globaleren Verlangens nach Überwindung aller Gegensätze dieser Welt und damit der Welt selbst. Dichten, Malen und Spielen, selbst die Liebe und im weiteren Sinn das ganze Leben waren für Bretons Surrealismus rituelle Instrumente dieser Weltüberwindung im eigenen Bewußtsein. Es war die Suche nach dem *geistigen Standort, von dem aus Leben und Tod, Reales und Imaginäres, Vergangenes und Zukünftiges, Mitteilbares und nicht Mitteilbares, Oben und Unten nicht mehr als widersprüchlich empfunden werden*[245]. Ist der Surrealismus demnach eine «materialistische Mystik»? Der Widerspruch, der in einer solchen Wendung steckt, ist jener des Surrealismus selbst. Breton sagte 1952 in einem Rundfunkinterview über das erstrebte Bewußtsein: *Es sieht mir nach wie vor so aus, als würde auf diesem Stand...der alte Gegensatz zwischen Idealismus und Materialismus seinen Sinn verlieren*[246] – die Utopie einer Erfahrung, die in kein bestehendes philosophisches Weltbild zu passen scheint.

Die Schwierigkeit zu fassen, was Surrealismus ist, behinderte seine Rezeption, ließ ihn oft nicht mehr scheinen als die vage Hintergrundideologie einer Kunstrichtung. Dies zeigte sich auch am Interesse: Deutsch lag das *Manifest des Surrealismus* erst im Jahr der Studentenrevolte 1968 vor, mehr als 40 Jahre nach dem Erscheinen in Paris. Zu Lebzeiten Bretons war von den Werken lediglich 1960 *Nadja* ins Deutsche übersetzt worden. Breton und sein Surrealismus bleiben zu entdecken.

Anmerkungen

Bei der Auswahl der Zitate galt das Prinzip, daß spätere Äußerungen, die frühere Lebensabschnitte und Ereignisse reflektieren oder als Konsequenz jener gelten dürfen, im Sinn der Idee des Selbstzeugnisses und im Interesse einer geschlossenen Darstellung von Bretons Denken herangezogen wurden. – Bisherige Übertragungen aus dem dichterischen Werk Bretons haben nicht zu einer einheitlichen Methodik der Wiedergabe surrealistischer Poesie gefunden. Auch die Übersetzungen der theoretischen Texte und Prosaschriften weichen in der Terminologie voneinander ab und berücksichtigen zuweilen nicht den gesamten Hintergrund von Bretons Schaffen. Um dem Leser, der nicht auf die französischen Originaltexte zurückgreifen kann, Vergleich und Vertiefung zu gestatten, wurde dennoch weitgehend versucht, vorliegende Übertragungen zu berücksichtigen.

1 Octavio Paz: Essays 2. Frankfurt a. M. 1980. S. 276
2 André Breton: Die Manifeste des Surrealismus. Reinbek 1977 (= Manifeste). S. 117
3 Manifeste, S. 119
4 Interview mit José M. Valverde (Correo literario, Madrid, September 1950), zitiert nach André Breton: Entretiens (1913–1952). Paris 1969 (= Entretiens). S. 288
5 Claude Mauriac: André Breton. Paris 1949
6 André Breton: Nadja. Frankfurt a. M. 1974 (= Nadja). S. 15
7 Nadja, S. 16
8 Vgl. Gérard Legrand: André Breton en son temps. Paris 1976. S. 154
9 Manifeste, S. 115
10 André Breton: Der Surrealismus und die Malerei. Berlin 1967 (= Malerei). S. 338
11 In: André Breton, Philippe Soupault: Die magnetischen Felder. Gefolgt von Bitte und Ihr werdet mich vergessen. München 1981 (= Felder). S. 13–17
12 Felder, S. 13
13 Felder, S. 14
14 André Breton: Die kommunizierenden Röhren. München 1973 (= Röhren). S. 31
15 Vgl. Walter Pabst: André Breton: ‹Saisons›. (Breton/Soupault: Les Champs Magnétiques, 2.). In: Die moderne französische Lyrik. Interpretationen. Hg. von Walter Pabst. Berlin 1976. S. 141–160
16 Legrand, Breton en son temps, S. 151 f

17 André Breton: L'Amour fou. Frankfurt a. M. 1975 (= L'Amour fou). S. 141
18 Felder, S. 13
19 André Breton: Arcane 17. Paris 1971 (= Arcane 17). S. 19
20 Felder, S. 13
21 Über die okkultistischen Quellen Baudelaires und Mallarmés vgl. Friedrich Wilhelm Fischer: Geheimlehren und moderne Kunst. Zur hermetischen Kunstauffassung von Baudelaire bis Malewitsch. In: Fin de siècle. Zu Literatur und Kunst der Jahrhundertwende. Hg. von Roger Bauer u. a. (= Studien zur Philosophie und Literatur des neunzehnten Jahrhunderts 35). Frankfurt a. M. 1977. S. 344–376
22 Manifeste, S. 27
23 André Breton: Anthologie des Schwarzen Humors. München 1972 (= Anthologie). S. 163
24 Fischer, Geheimlehren und moderne Kunst, S. 350
25 Anthologie, S. 235
26 Joris-Karl Huysmans: Gegen den Strich. Aus dem Französischen übersetzt von Hans Jacob. Zürich 1965. S. 83 f
27 Huysmans, Gegen den Strich, S. 125 f
28 Malerei, S. 363
29 Malerei, S. 363 f
30 Malerei, S. 363
31 Entretiens, S. 18
32 Erst 1918 erschienen in: Les Écrits nouveaux, II, S. 331–333
33 Malerei, S. 366
34 Les Écrits nouveaux, II, S. 182

35 Je t'évoque, inquiet d'un pouvoir de manteau
Chimérique de fée tes pas sur la terre,
Un peu triste peut-être et rebelle plutôt
Que toute abandonnée au glacis volontaire.

36 Vgl. Henri Pastoureau: Des influences dans la poésie présurréaliste d'André Breton. In: André Breton. Essais et témoignages, recueillis par Marc Eigeldinger. Neuchâtel 1950. S. 141

37 In: André Breton: Mont de piété. Paris 1919

38 Entretiens, S. 22f

39 Entretiens, S. 25

40 Entretiens, S. 29

41 André Breton: Les Pas perdus. Paris 1924. S. 17

42 Breton, Les Pas perdus, S. 16

43 Breton, Les Pas perdus, S. 16

44 Entretiens, S. 36

45 Erstmals in: Les Trois Roses II. Grenoble, Juli 1918. S. 29

46 Briefe Valérys an Breton vom Januar und April 1916. Vgl. Pastoureau, Des influences, S. 144

47 Breton, Les Pas perdus, S. 16

48 Entretiens, S. 33

49 Entretiens, S. 33f

50 Anthologie, S. 464f

51 Entretiens, S. 34

52 Anthologie, S. 466

53 Anthologie, S. 16

54 Anthologie, S. 13

55 Entretiens, S. 31

56 Entretiens, S. 36

57 Mit jenem Soldaten beschäftigt sich Breton in «Sujet», erschienen im April 1918 in «Nord-Sud» 14

58 Introduction au discours sur le peu de réalité. In: André Breton, Point du Jour. Paris 1970. S. 10

59 Introduction au discours sur le peu de réalité, deutsch zitiert nach Maurice Nadeau: Geschichte des Surrealismus. Reinbek 1965 (= Nadeau). S. 122f

60 André Breton: Das Weite suchen. Reden und Essays. Frankfurt a. M. 1981. S. 58

61 Breton, Das Weite suchen, S. 59

62 Manifeste, S. 56

63 Manifeste, S. 56f, Anm. 1

64 Manifeste, S. 56f, Anm. 1

65 Anthologie, S. 216f

66 In: Breton, Mont de piété

67 Brief vom 25. 7. 1918. Vgl. Pastoureau, Des influences, S. 161

68 In: Breton, Mont de piété

69 Marc-Adolphe Guégan in: Ligne de cœur (Januar 1927), zitiert nach Anthologie, S. 466

70 André Breton: Manifestes du surréalisme. Paris 1983. S. 39

71 Breton, Point du Jour, S. 44

72 Manifeste, S. 23f

73 Manifeste, S. 24f

74 Manifeste, S. 25

75 Manifeste, S. 23, Anm. 2

76 Zitiert nach Manifeste, S. 22f

77 Manifeste, S. 25

78 Felder, S. 33

79 Manifeste, S. 34

80 Alain Jouffroy (1967), hier zitiert nach Eugen Helmlé in seinem Nachwort zu Felder, S. 154

81 Diese Anschauung kommt in Briefen Bretons an Tzara zum Ausdruck. Vgl. Michel Sanouillet: Dada à Paris. Paris 1965, wo sich die entsprechende Korrespondenz zitiert findet

82 Georges Hugnet, zitiert nach Nadeau, S. 32

83 Zitiert nach Nadeau, S. 32

84 Felder, S. 123

85 Entretiens, S. 64

86 Entretiens, S. 64

87 Nadeau, S. 36

88 Nadeau, S. 36f

89 Brief an Francis Picabia (1952) in: Malerei, S. 230–231

90 Interview du Professeur Freud. In: Breton, Les Pas perdus, S. 99f

91 Einen Augenzeugenbericht gibt Matthew Josephson: Life among the Surrealists. New York 1962. S. 149f

92 Entretiens, S. 76

93 Vgl. Anm. 49

94 Manifeste, S. 20

95 Breton, Les Pas perdus, S. 113

96 Maurice Martin du Gard in: Les Nouvelles Littéraires, 11. 10. 1924, zitiert nach Nadeau, S. 58, Anm. 13

97 Josephson, Life among the Surrealists, S. 142f beschreibt diese Aktion, an der er selbst teilnahm

98 Nadja, S. 24f

99 Aufgenommen in: Breton, Les Pas perdus, S. 122–131
100 Breton, Les Pas perdus, S. 125
101 Nadja, S. 20
102 Aufgenommen in: Breton, Point du Jour, S. 164–189
103 Nadja, S. 111
104 Entretiens, S. 95
105 Nadja, S. 22
106 Louis Aragon: Une Vague de rêves (1924), zitiert nach Nadeau, S. 54
107 Entretiens, S. 96
108 Manifeste, S. 11
109 Manifeste, S. 15
110 Manifeste, S. 15f
111 Manifeste, S. 16, Anm. 1
112 Manifeste, S. 16
113 Manifeste, S. 17
114 Manifeste, S. 17
115 Manifeste, S. 18
116 Manifeste, S. 26f
117 Manifeste, S. 18
118 Manifeste, S. 18
119 Aragon, Une Vague de rêves, nach Nadeau, S. 66
120 Nadeau, S. 67
121 Manifeste, S. 12
122 Nadeau, S. 92
123 André Breton: Qu'est-ce que le surréalisme? Bruxelles 1934. Zitiert nach Nadeau, S. 99f, Anm. 67
124 Bretons Besprechung des Buchs in: La Révolution surréaliste Nr. 5, nach Nadeau, S. 101, Anm. 69
125 Nadeau, S. 98, Anm. 64
126 André Breton: Lettre aux voyantes, hier zitiert nach der Breton-Anthologie von Jean-Louis Bédouin (Paris 1950), S. 82.
127 Nadja, S. 7
128 Nadja, S. 7
129 Nadja, S. 16f
130 Nadja, S. 91
131 Nadja, S. 47
132 Nadja, S. 47f
133 Nadja, S. 56
134 Nadja, S. 61
135 Nadja, S. 79
136 Entretiens, S. 141
137 Nadja, S. 63
138 Nadja, S. 89
139 Nadja, S. 94
140 Nadja, S. 101
141 Nadja, S. 103
142 Nadja, S. 45
143 Röhren, S. 119
144 Röhren, S. 79
145 L'Amour fou, S. 62f
146 L'Amour fou, S. 19
147 L'Amour fou, S. 128f
148 L'Amour fou, S. 129f
149 L'Amour fou, S. 137
150 L'Amour fou, S. 138f
151 Malerei, S. 294
152 Malerei, S. 297
153 Nadja, S. 26
154 Breton, Manifestes du surréalisme, S. 139
155 Manifeste, S. 92, Anm. 1
156 Manifeste, S. 94f, Anm.
157 Malerei, S. 289
158 Entretiens, S. 140. Die hier in geraffter Übersetzung wiedergegebene Stelle lautet vollständig: «... d'où vient qu'il arrive que se rencontrent au point de se confrondre – à vrai dire rarement – des phénomènes que l'esprit humain ne peut rapporter qu'à des séries causales indépendantes, d'où vient que la lueur qui résulte de cette fusion soit si vive, quoique si éphémère?»
159 Breton, Manifestes du surréalisme, S. 77
160 Manifeste, S. 55
161 Du surréalisme en ses œuvres vives (1955)
162 L'Amour fou, S. 120
163 Manifeste, S. 93, Anm.
164 Nadja, S. 117f, Anm. 1
165 Nadja, S. 122
166 Nadja, S. 123
167 Röhren, S. 27
168 L'Amour fou, S. 95
169 L'Amour fou, S. 11
170 Nadja, S. 123
171 L'Amour fou, S. 11
172 L'Amour fou, S. 98
173 L'Amour fou, S. 102
174 Aus einem Brief Bretons an seine Tochter aus der Ehe mit Jacqueline Lamba: «Was auch geschehen mag, bis dieser Brief zu Deiner Kenntnis gelangt – und es ist, als müsse immer geschehen, was niemand vermutet –, laß mich denken, daß Du dann bereit sein wirst, jene ewige Macht der Frau zu verkörpern, die einzige, vor der ich mich je gebeugt habe.» L'Amour fou, S. 140f

175 Manifeste, S. 27f
176 Breton, Point du Jour, S. 44
177 Bretons Umschreibung seiner Erwartung an die Psychoanalyse aus Nadja, S. 20 hat gleichfalls Gültigkeit für seine Erwartungen an die Methoden der Poesie
178 André Breton, Paul Éluard: Die unbefleckte Empfängnis. München 1974 (= Empfängnis). S. 9
179 Empfängnis, S. 13
180 Empfängnis, S. 19
181 Empfängnis, S. 29
182 André Breton: Poèmes. Paris 1984. S. 194
183 Zitiert nach der Wiedergabe in Empfängnis, München 1974 (Umschlag)
184 Pierre Naville: La Révolution et les Intellectuels, nach Nadeau, S. 107
185 Nach Nadeau, S. 108
186 Nadeau, S. 109
187 Nadeau, S. 110, Anm. 7
188 Nadeau, S. 110
189 Nadeau, S. 109
190 Nadeau, S. 110, Anm. 8
191 Nadeau, S. 111
192 Nadeau, S. 116, Anm. 12
193 Manifeste, S. 68f
194 Breton, Das Weite suchen, S. 45
195 Ilja Ehrenburg: Vus par un écrivain de l'U.R.S.S., zitiert nach Manifeste, S. 103f, Anm. 1
196 Manifeste, S. 104f
197 Manifeste, S. 112
198 Lev Trockij: Literaturtheorie und Literaturkritik. München 1973. S. 154–160. Das Manifest wurde aus strategischen Gründen bei Erscheinen nicht von Trotzki, sondern von Breton mit dem mexikanischen Maler Diego Rivera, dem Gastgeber Trotzkis, unterzeichnet
199 Trockij, Literaturtheorie, S. 158
200 Trockij, Literaturtheorie, S. 160
201 Breton, Das Weite suchen, S. 46f
202 Malerei, S. 41
203 Malerei, S. 23
204 Malerei, S. 11
205 Malerei, S. 12
206 Malerei, S. 11
207 Malerei, S. 28f
208 Manifeste, S. 55
209 Malerei, S. 7. – Nicht alle aus dem Surrealismus entwickelten Ansätze teilten Bretons aus dieser Auffassung geborene konsequente Ablehnung der Musik. So forderte Artaud in seinem Ersten Manifest zum «Theater der Grausamkeit» (1932) eine neue Musik, die als klangliches Gegenstück zum surrealistischen Bild erscheinen sollte. Er regte «zur Suche nach völlig ungewohnten Klangeigenschaften und -schwingungen an, nach Eigenschaften, die den jetzigen Musikinstrumenten abgehen und die zum Rückgriff auf alte, vergessene oder zur Erschaffung neuer Instrumente zwingen. Sie zwingen auch dazu, außerhalb der Musik nach Instrumenten und Geräten zu suchen, die auf speziellen Metallverschmelzungen oder erneuerten Metallegierungen beruhen und einen neuen Umfang der Oktave erzielen sowie unerträgliche Klänge oder Geräusche hervorbringen können, die einen verrückt machen.» Antonin Artaud: Das Theater und sein Double. Frankfurt a. M. 1969. S. 101f
210 Malerei, S. 7f
211 Malerei, S. 9
212 Salvador Dalí: So wird man Dalí. Wien/München/Zürich 1974. S. 140f
213 Malerei, S. 290
214 Malerei, S. 290
215 Malerei, S. 291
216 Malerei, S. 290
217 Robert Lebel: Breton im Exil (1970). In: André Breton, Ode an Charles Fourier. Berlin 1982. S. 120f
218 Breton, Das Weite suchen, S. 58
219 Breton, Das Weite suchen, S. 66
220 Breton, Das Weite suchen, S. 51
221 In: André Breton, Marcel Duchamp: First Papers of Surrealism. New York 1942
222 Manifeste, S. 122f
223 Manifeste, S. 123
224 L'Amour fou, S. 138f
225 Malerei, S. 15, Anm. 1: «Von Gott sprechen, an Gott denken, das heißt, allem sein Maß aufprägen, und wenn ich das sage, ist klar, daß ich mir diese Idee nicht zu eigen mache, nicht einmal, um sie zu bekämpfen.»
226 Manifeste, S. 123
227 Anthologie, S. 83
228 Brief Bretons an Jean Gaulmier, zitiert nach Heribert Beckers Einfüh-

rung zur deutschen Ausgabe von Breton, Ode an Charles Fourier, S. 22

229 Breton, Ode an Charles Fourier, S. 49 f

230 Breton, Das Weite suchen, S. 71

231 Luis Buñuel: Mein letzter Seufzer. Frankfurt a. M./Berlin/Wien 1985. S. 95

232 Breton, Das Weite suchen, S. 110

233 Breton, Das Weite suchen, S. 112

234 Breton, Das Weite suchen, S. 129

235 André Breton: L'Un dans l'autre. Paris 1970. S. 11

236 Breton, L'Un dans l'autre, S. 12

237 Breton, L'Un dans l'autre, S. 26 f

238 Breton, L'Un dans l'autre, S. 14 f

239 Siehe Anm. 83

240 Manifeste, S. 32

241 So die offizielle Haltung der KPF zu ihren surrealistischen Mitgliedern bis zum Bruch 1935. Zur Auseinandersetzung der neueren Linken mit dem Surrealismus: Tel Quel 34 (1968) und 46 (1971)

242 Ferdinand Drijkoningen: Surrealismus und Anarchismus. In: Hans T. Siepe (Hg.), Surrealismus. Fünf Erkundungen. Essen 1987. S. 115–150

243 Heribert Becker im Vorwort seiner deutschen Übersetzung der Ode an Charles Fourier, S. 29

244 Peter Bürger: Die Dichtung Bretons. In: Peter Bürger (Hg.), Surrealismus. (= Wege der Forschung CDLXXIII) Darmstadt 1982. S. 231–243, hier S. 242

245 Manifeste, S. 55

246 Entretiens, S. 171 f

Zeittafel

1896 André Breton wird in Tinchebray (Orne) geboren. In der frühen Kindheit wichtige Aufenthalte beim Großvater mütterlicherseits in Saint-Brieux

1900 Übersiedlung der Familie nach Paris

1906–1912 Collège Chaptal, prägende Lektüre von Baudelaire, Mallarmé und Huysmans

1913 Höhere Technische Lehranstalt als Vorbereitung zum Medizinstudium. Breton entdeckt das Musée Gustave Moreau. Beginn der Beziehung zu Valéry

1914 Erste Lyrikveröffentlichungen in «La Phalange»

1915 Einberufung zur Artillerie nach Pontivy, danach zum Sanitätsdienst nach Nantes. Beschäftigung mit Sigmund Freud

1916 Begegnung mit Jacques Vaché. Lektüre Rimbauds. Beginn des Kontakts mit Apollinaire. Bekanntschaft mit Reverdy. Versetzung ins Psychiatrische Zentrum nach Saint-Dizier

1917 Versetzung nach Paris. Regelmäßiger Umgang mit Apollinaire, bei dem er Soupault kennenlernt. Bekanntschaft mit Aragon

1918 Bekanntschaft mit Éluard. Lektüre Lautréamonts

1919 Gründung von *Littérature* mit Soupault und Aragon. Publikation des ersten Gedichtbandes *Mont de piété*. Experimente mit dem Automatismus führen zu den *Magnetischen Feldern*. Jacques Vaché nimmt sich das Leben

1920 Anstellung bei Jacques Doucet. Mit Soupault die Stücke *Ihr werdet mich vergessen* und *Bitte*. Aktive Teilnahme an der Dada-Bewegung

1921 Besuch bei Sigmund Freud in Wien. «Prozeß» gegen Maurice Barrès

1922 Scheitern von Bretons Projekt eines internationalen Kongresses zur Verteidigung des modernen Geistes in Paris. Bruch mit Dada. Vortrag Bretons über die Moderne in Barcelona am 17. November

1923	Skandal anläßlich Tzaras «Cœur à gaz» im Théâtre Michel. Gedichtband *Clair de terre*
1924	Flugschrift *Un cadavre* gegen Anatole France führt zur Entlassung bei Doucet. *Manifest des Surrealismus*. Gründung von «La Révolution surréaliste»
1925	Breton liest Trotzkis Buch über Lenin. Skandal beim Festbankett für Saint-Pol-Roux. Erste Kunstausstellung. Protest gegen den Marokko-Krieg. Manifest «La révolution d'abord et toujours». Erfindung der *Köstlichen Leiche*
1926	Breton trifft Nadja. Diskussion über Marxismus und Surrealismus führt zu Bretons Stellungnahme: *Légitime défense*
1927	Eintritt in die Kommunistische Partei. Verkauf der Briefe Paul Valérys aus Protest gegen dessen Eintritt in die Académie Française
1928	*Nadja* erscheint. Aragon und Breton feiern in einer Flugschrift den 50. Geburtstag der Hysterie
1930	Umbenennung der Zeitschrift: «Le Surréalisme au Service de la Révolution». Breton und Éluard schreiben *L'Immaculée Conception*. Wegen «artistischer» Tätigkeit aus der Gruppe ausgeschlossene Mitglieder veröffentlichen eine Schmähschrift gegen Breton: «Un cadavre»
1931	Veröffentlichung eines allegorischen Gedichts auf den weiblichen Körper *Union libre* (anonym)
1932	Breton sammelt 300 Unterschriften bei Kulturschaffenden, um Aragon vor strafrechtlicher Verfolgung wegen dessen Gedicht «Front Rouge» zu schützen. Aragon bricht mit den Surrealisten, nachdem Breton seine Verteidigungsschrift *Misère de la poésie* veröffentlicht
1933	Breton wird aus dem kommunistischen Künstlerverband Association des Écrivains et Artistes Révolutionnaires ausgeschlossen
1934	Breton trifft Jacqueline Lamba am 29. Mai. Sie heiraten am 14. August. Die Begegnung wird zum Hauptereignis in *L'Amour fou*. Aus dieser Verbindung geht die Tochter Aube hervor
1935	Breton fährt mit Éluard zur tschechischen Surrealisten-Gruppe nach Prag. Er wird in Paris vom Internationalen Kongreß zur Verteidigung der Kultur ausgeschlossen, weil er Ilja Ehrenburg wegen dessen Beleidigungen ohrfeigte. Die Surrealisten brechen mit der Kommunistischen Partei. Kurzfristiger Zusammenschluß mit Bataille zur «Contre-Attaque». Reise auf die Kanarischen Inseln
1936	Internationale Ausstellung des Surrealismus in London. Objekt-Ausstellung in Paris
1937	Eröffnung der Galerie Gradiva
1938	Große Surrealismus-Ausstellung in Paris. Mexiko-Reise und Besuch bei Trotzki. Gemeinsames Manifest für eine unabhängige revolutionäre Kunst. Auf dieser Basis Gründung der Fédération internationale de l'art révolutionnaire indépendant
1939	Einberufung Bretons zur Armee
1940	Nach der Entlassung mit Frau und Kind in Marseille, wo er auf die Ausreise nach Amerika wartet. Die Zensur der Vichy-Regierung verbietet die *Anthologie des Schwarzen Humors*
1941	Schiffsreise über Martinique nach New York
1942	Breton wird Sprecher bei der «Stimme Amerikas». Surrealismus-Ausstellung in New York. Mythos der *Großen Transparenten*. Rede vor Studenten der Universität Yale am 10. Dezember

1943	Trennung von Jacqueline. Breton lernt Elisa kennen
1944	Reise mit Elisa nach Kanada
1945	Reise nach Arizona und New Mexico. Fourier-Studium. Besuch bei den Hopi-Indianern und Teilnahme an deren Riten. *Ode an Charles Fourier.* Heirat mit Elisa. Reise nach Haiti, wo Bretons Ideen zum Auslösen eines politischen Aufstands beitragen
1946	Rückkehr nach Paris. Rede auf Antonin Artaud
1947	Internationale Surrealismus-Ausstellung in Paris mit Bretons Mythenkonzeption. Am 11. April löst Breton an der Sorbonne eine Schlägerei aus, als er gegen die Vorlesung Tristan Tzaras über Surrealismus protestiert
1948	Unterstützung der Weltbürgerbewegung von Garry Davis. Breton gründet mit Jean Dubuffet und Michel Tapié die Compagnie de l'Art brut mit dem Ziel, Kunst von Außenseitern (Unbekannte, Strafgefangene, Kranke usw.) zu sammeln, zu erforschen und zu schützen
1949	1. Ausstellung von «Art brut». Affäre um den angeblichen Rimbaud-Text «La chasse spirituelle», den Breton trotz Widerspruchs renommierter Kritiker als unecht wertet, worauf sich die Fälscher zu erkennen geben
1950	Breton lehnt den Preis der Stadt Paris ab. Erwerb eines Landhauses in Saint-Cirq-Lapopie (Lot). Offener Brief an den Kommunisten Paul Éluard mit der Aufforderung, dieser möge sich für den in Prag zum Tode verurteilten Závis Kalandar einsetzen
1951	Breton wendet sich gegen den «sozialistischen Realismus» als Methode moralischer Vernichtung
1952	Breton tritt Albert Camus entgegen, der dem Surrealismus Maßlosigkeit vorgeworfen hatte. Eröffnung der Galerie A l'Étoile Scellée
1953	Erfindung des poetischen Spiels *L'un dans l'autre*
1957	Nach einer Umfrage zum Thema «magische Kunst» veröffentlicht Breton das Ergebnis und seine eigene diesbezügliche Konzeption in *L'Art magique*
1958	Breton setzt sich für verhaftete Kriegsdienstverweigerer im Algerien-Krieg ein
1959	Große Surrealismus-Ausstellung «EROS» in Paris
1960	Ausstellungen in New York und Mailand
1962	Neuausgabe der *Manifeste des Surrealismus*
1965	Internationale surrealistische Ausstellung «Écart absolu»
1966	Breton stirbt am 28. September in Paris

Zeugnisse

Octavio Paz

Es ist unmöglich, über André Breton in einer Sprache zu schreiben, die nicht die Sprache der Leidenschaft ist. Zudem wäre es unwürdig. Für ihn war die Macht des Wortes nicht verschieden von jener der Leidenschaft, und diese war in ihrer höchsten und spannungsreichsten Form nichts anderes als Sprache im wilden Reinzustand: Poesie. Breton die Sprache der Leidenschaft – die Leidenschaft der Sprache. Seine ganze Suche, die Erforschung unbekannter psychischer Gebiete war und mehr als das, bestand in der Wiedereroberung eines verlorenen Reichs: des

Wortes des Anfangs, des Menschen, der den Menschen und den Kulturen vorauf-
geht... Wir wissen nicht, was Sterben in Wirklichkeit bedeutet, außer daß es das
Ende des Ich ist – das Ende der Gefangenschaft. Breton sprengte dieses Gefängnis
mehrmals, er weitete die Zeit aus oder negierte sie und lebte so für einen unermeß-
lichen Augenblick im Einklang mit der *anderen* Zeit. Diese Erfahrung, Kern seines
Lebens und seines Denkens, ist stichfest und unantastbar: sie ist eine Erfahrung
jenseits der Zeit, jenseits des Todes – jenseits von uns. Das zu wissen, versöhnt
mich mit seinem jetzigen Tod und mit jedem Sterben.

«André Breton oder die Suche nach dem Anfang». 1966

Jean-Paul Sartre
Breton schrieb einmal: «Die Welt verändern, hat Marx gesagt. Das Leben ändern,
hat Rimbaud gesagt. Diese beiden Forderungen sind für uns ein und dasselbe.»
Das würde zur Bloßstellung des bürgerlichen Intellektuellen genügen. Man muß
eben wissen, welche Veränderung der anderen vorausgeht. Für den militanten
Marxisten besteht kein Zweifel darüber, daß allein die soziale Umschichtung radi-
kale Veränderungen im Fühlen und Denken zuläßt. Wenn Breton seine inneren
Experimente am Rande einer revolutionären Aktivität oder parallel zu ihr glaubt
verfolgen zu können, dann ist er im voraus verurteilt: das liefe nämlich wieder
darauf hinaus, daß eine Befreiung des Geistes auch in Ketten möglich sei, zumindest bei bestimmten Leuten, und daß die Revolution infolgedessen nicht so dringlich wäre.

«Was ist Literatur?». 1948

Salvador Dalí
Breton war der erste wichtige Mensch, der mir Stoff zum Nachdenken gab und
dessen Bekanntschaft mich sehr interessierte. Mein Beitrag waren die verwesten
Esel und die auf dem Kopf balancierten Exkremente, das heißt ein phantastisches,
einmaliges, erstklassiges Gepäck, das ihn sehr anzog... Breton war aber sehr bald
schockiert über die Anwesenheit obszöner Elemente. Er wollte weder Exkremente noch Madonnenbilder. Es widerspricht aber doch dem reinen Automatismus, sofort eine Abwehr einzubauen, denn diese Exkremente kamen mir auf eine
direkte, biologische Weise. Es gab da eine Zensur, die durch den Verstand, die
Ästhetik und die Moral bestimmt und vom Geschmack Bretons oder der reinen
Willkür gezeichnet war.

«So wird man Dalí». 1973

Luis Buñuel
André Breton machte den Eindruck eines wohlerzogenen, förmlichen Mannes,
der den Damen die Hand küßte. Er war sehr empfänglich für sublimen Humor,
haßte vulgäre Witze und bewahrte in allen Dingen eine gewisse Ernsthaftigkeit...
Seine Ruhe, seine Schönheit, seine Eleganz, dazu sein vorzügliches Urteilsvermö-
gen bewahrten ihn indes nicht vor plötzlichen Wutausbrüchen, die sehr gefürchtet
waren. Er hatte mir so oft vorgehalten, ich wolle meine Verlobte Jeanne den anderen Surrealisten nur deshalb nicht vorstellen, weil ich eben ein richtiger eifersüchti-
ger Spanier sei, daß ich schließlich eine Einladung annahm und Jeanne mitbrachte.
Zu diesem Essen erschienen auch Magritte und seine Frau. Die Stimmung war von
Anfang an ausgesprochen mürrisch. Aus irgendeinem nicht ersichtlichen Grund
hob Breton die Augen nicht vom Teller, runzelte die Brauen und ließ nur ab und zu
ein Wort fallen. Wir fragten uns, was eigentlich los sei. Plötzlich konnte er nicht
mehr an sich halten und zeigte mit dem Finger auf ein kleines Kreuz, das Magrittes
Frau an einem goldenen Kettchen am Hals trug. Das sei eine unerträgliche Provokation, erklärte er laut, sie solle sich etwas anderes umhängen, wenn sie zu ihm

zum Essen komme... Breton maß gewissen Details, die ein anderer überhaupt nicht wahrnahm, eine außerordentliche Bedeutung bei.

«Mein letzter Seufzer». 1982

André Masson
Ohne ihn hätte es keinen Surrealismus gegeben... Die Rue Fontaine hatte etwas von einem heiligen Ort... *Interview mit Georges Charbonnier. 1957*

Maurice Nadeau
Es gibt nichts Eigenwilligeres, Spontaneres, Aktiveres, Absichtlicheres als den Lebensweg Bretons und seiner Gruppe. Wie wir gesehen haben, bestimmen die Surrealisten jeden Augenblick ihren Schicksalsweg selbst. Unterdessen entdecken sie auch einen Wert, mit dem sie gegen den Pessimismus, der sie nie ganz aus den Klauen ließ, wirksam ankämpfen konnten. Und auch diesen Wert hatten sie nicht selber ausgeklügelt, sondern im Herzen des Menschen ruhend, unter Trümmern vergraben entdeckt: das allen Menschen Gemeinsame, das Begehren. Ihr unermüdliches Arbeiten kannte nur das eine Ziel, dem Begehren ans Licht zu helfen, es zu erkennen und anzuerkennen, es mit allen Vollmachten ausgerüstet in die Welt hinein loszulassen. Ist das Begehren nicht wesenhaft vielgestaltig, wandlungsfähig, revolutionär, und vermag es sich nicht notfalls zu tarnen und zu verstellen, um sich so besser durchzusetzen? Ist es nicht die wesentlichste Lebensäußerung des Menschen und seine ursprünglichste Kraft? Wenn das Begehren beengt, beschnitten, nahezu ausgemerzt und verschüchtert ist und wird, dann ist nur die Gesellschaftsordnung daran schuld, deren Gefüge es sprengen könnte, und mit schuld ist das Individuum, das sich widerstandslos einreden läßt, es dürfe seinem Begehren nicht die Zügel schießen lassen. Aus dieser Überzeugung der Surrealisten fließt ihre zweifache Begriffsbestimmung der Revolution: ‹Umgestaltung der Welt›, ‹Änderung des Lebens›, und zwar Kraft einer Objektivierung des Begehrens, jener allmächtigen Kraft, die imstande ist, jegliches Wunder zu wirken.

«Geschichte des Surrealismus». 1955

Max Morise
Wenn André Breton zufällig gerade für Hammelhaxen in Sauce béarnaise schwärmt, dann können Sie darauf gefaßt sein, daß das bald ein durch und durch revolutionäres Gericht genannt wird.

«Un Cadavre» (Schmähschrift gegen Breton). 1930

Philippe Soupault
Ich habe mit Aufmerksamkeit gelesen, was man über André geschrieben hat, seit er tot ist: «Papst des Surrealismus», «Theoretiker», «bewundernswürdiger Prosaschriftsteller». Zweifellos... Aber wie ist es möglich, daß man sich nicht erinnert hat, daß André Breton vor allem Poet war, ein großer Poet. Welche Ungerechtigkeit!... Ich kann nur die Leidenschaft André Bretons für die Malerei nicht vergessen. Welche Dienste haben sein Enthusiasmus, sein kritischer Sinn, sogar seine Heftigkeit den Malern geleistet, die heute allgemein gefeierte «Künstler» sind! Hoffen wir, daß sie keine Undankbaren sind. Ich kann auch nicht vergessen, daß er es mochte, die jungen Poeten zu empfangen, und fast jeden Abend seines Lebens traf er sie in einem Café in verschiedenen Vierteln von Paris.

Und ich will dieses Zeugnis nicht beenden, ohne mich zu erinnern, daß in den tragischen Umständen meines Lebens, wenn ich an den Tod dachte, André mir ein Lebenszeichen gab. Er gemahnte mich daran, daß er mir den Jahren zum Trotz mein Freund blieb. *«Le Vrai André Breton». 1966*

ZEICHEN DER ZEIT

1896

André Breton wird geboren,
für Paul Verlaine . . .

...ist es das Todesjahr. Alfred Jarry bringt seinen «König Ubu» heraus, drei andere Premieren dieses Jahres sind weniger avantgardistisch: Schnitzlers «Reigen», Tschechows «Die Möwe» und Hauptmanns «Florian Geyer».

Der Physiker Henri Becquerel entdeckt die radioaktive Strahlung des Urans. Alle Hausfrauen träumen von einem Staubsauger, der soeben patentiert wurde. Die Berliner erleben den Baubeginn ihrer Hoch- und U-Bahn und in Athen finden die ersten Olympischen Spiele der Neuzeit statt. Den Pfandbrief gibt es seit 127 Jahren.

Pfandbrief und Kommunalobligation

Meistgekaufte deutsche Wertpapiere - hoher Zinsertrag - bei allen Banken und Sparkassen

Verbriefte Sicherheit

Bibliographie

1. Bibliographische Hilfsmittel

BONNET, MARGUERITE, und CHENIEUX-GENDRON, JACQUELINE: Revues surréalistes françaises autour d'André Breton 1948–1972. Millwood N. Y. 1982

GERSHMAN, HERBERT S.: A Bibliography of the Surrealist Revolution in France. The University of Michigan Press 1969

HARDT, J.: A Present State of Studies on Literary Surrealism. In: Yearbook of Comparative and General Literature XI (1960), S. 63 f

PRIGONI, PIERRE: André Breton et le surréalisme devant la critique. In: Romanistisches Jahrbuch XIII (1962), S. 119–148

SHERINGHAM, MICHAEL: André Breton. A bibliography (= Research Bibliographies and Checklists 2). London 1972

2. Werke
(Buchveröffentlichungen und ausgewählte Beiträge)

Mont de Piété. Paris 1919

Les champs magnétiques (mit PHILIPPE SOUPAULT). Paris 1920

Vous m'oublierez (mit PHILIPPE SOUPAULT). In: Cannibale 1 (April 1920)

S'il vous plaît. Pièce en trois actes (mit PHILIPPE SOUPAULT). In: Littérature 16 (September/Oktober 1920)

Clair de Terre. Paris 1923

Lettre sur Mallarmé. In: Cahiers Idéalistes 9 (Januar 1924)

Manifeste du surréalisme, gefolgt von Poisson soluble. Paris 1924

Les Pas perdus. Paris 1924

Léon Trotski, Lénine. In: La Révolution Surréaliste 5 (Oktober 1925)

Légitime défense. Paris 1926

Introduction au discours sur le peu de réalité. Paris 1927

Le surréalisme et la peinture. Paris 1928 (vermehrte Ausgaben: New York 1946, Paris 1965)

Nadja. Paris 1928 (überarbeitete Ausgabe 1963)

Notes sur la poésie (mit PAUL ÉLUARD). In: La Révolution Surréaliste 12 (Dezember 1929)

Second Manifeste du surréalisme. Paris 1930

L'Immaculée Conception (mit PAUL ÉLUARD). Paris 1930

L'Union libre (anonym). o. O. o. J. [1931]

Misère de la poésie: l'affaire Aragon devant l'opinion publique. Paris 1932

Le Revolver à cheveux blancs. Paris 1932

Les Vases communicants. Paris 1932

L'Air de l'eau. Paris 1934

Point du jour. Paris 1934

Qu'est-ce que le surréalisme? Brüssel 1934

Position politique du surréalisme. Paris 1935

Au lavoir noir. Paris 1936

Le Château étoilé. Paris 1937

L'Amour fou. Paris 1937

De l'humour noir. Paris 1937

Dictionnaire abrégé du surréalisme (mit P3GÉ DU SURRÉALISME (MIT PAUL ÉLUARD). Paris 1938

Trajectoire du rêve. Paris 1938

Anthologie de l'humour noir. Paris 1940 (vermehrte Ausgaben: 1945 und 1950)
Fata Morgana. Paris 1941
Prolégomènes à un troisième manifeste du surréalisme ou non. New York 1942
Pleine marge. New York 1943
Arcane 17. New York 1944 (vermehrt Paris 1947)
Situation du surréalisme entre les deux guerres. Paris 1945
Young cherry trees secured against hares. New York 1946
Ode à Charles Fourier. Paris 1947
Martinique charmeuse de serpents (mit ANDRÉ MASSON). Paris 1948
La Lampe dans l'horloge. Paris 1948
Poèmes. Paris 1948
Flagrant délit. Paris 1949
Au regard des divinités. Paris 1949
Entretiens. Paris 1952
Le Clé des champs. Paris 1953
Farouche à quatre feuilles (mit LISE DEHARME, JULIEN GRACQ und JEAN TARDIEU). Paris 1954
Les Manifestes du surréalisme, vermehrt um: Du surréalisme en ses œuvres vives und Ephémérides surréalistes. Paris 1955
L'Art magique (mit GÉRARD LEGRAND). Paris 1957
Constellations. New York 1959
Poésies et autre. Paris 1960
Le La. Paris 1961
Sur la route de San Romano. Ussel o. J. [1966]
Signe ascendant. Paris 1968
Perspective cavalière. Paris 1970
L'Un dans l'autre. Paris 1970

3. Von Breton herausgegebene oder maßgeblich beeinflußte Zeitschriften

Littérature 1919–1924
La Révolution Surréaliste 1924–1929
Le Surréalisme au Service de la Révolution 1930–1933
Minotaure 1933–1939
Clé – Bulletin de la Fédération internationale de l'art révolutionnaire indépendant 1939
VVV 1942–1944
Néon 1948
Médium 1952–1955
Le Surréalisme, même 1956–1959
Bief 1958–1960
La Brèche 1961–1965

4. Werke in deutscher Sprache (Auswahl)

Nadja. (Übersetzt von MAX HÖLZER) Pfullingen 1960, Frankfurt a. M. 1974
Der Surrealismus und die Malerei. (Übersetzt von MANON MAREN-GRISEBACH) Berlin 1967
Die Manifeste des Surrealismus. (Übersetzt von RUTH HENRY) Reinbek 1968, 1977
L'Amour fou. (Übersetzt von FRIEDHELM KEMP) München 1970, Frankfurt a. M. 1975
Anthologie des Schwarzen Humors. (Übersetzt von RUDOLF WITTKOPF u. a.) München 1971, 1972
Die kommunizierenden Röhren. (Übersetzt von ELISABETH LENK und FRITZ MAYER) München 1973, 1980

Die unbefleckte Empfängnis (mit PAUL ÉLUARD). (Übersetzt von JOHANNES HÜBNER) München 1974

Die automatische Botschaft. (Übersetzt von ANGELA VON HAGEN) Berlin 1977

Die magnetischen Felder gefolgt von Bitte und Ihr werdet mich vergessen (mit PHILIPPE SOUPAULT). (Übersetzt von RÉ SOUPAULT und EUGEN HELMLÉ) München 1981

Das Weite suchen. Reden und Essays. (Übersetzt von LOTHAR BAIER) Frankfurt a. M. 1981

Ode an Charles Fourier. (Übersetzt von HERIBERT BECKER) Berlin 1982

Auf frischer Tat. (Übersetzt von WOLFGANG SCHMIDT) Berlin 1984

Der Weißhaarige Revolver. (Übersetzt von WOLFGANG SCHMIDT) Berlin 1984

Die verlorenen Schritte. (Übersetzt von HOLGER FOCK) Berlin 1989

5. Allgemeine Darstellungen

ALEXANDRIAN, SARANE: André Breton par lui-même. Paris 1971

AUDOIN, PHILIPPE: Breton. Paris 1970

BALAKIAN, ANNA: André Breton. Magus of Surrealism. New York 1971

BÉDOUIN, JEAN-LOUIS: André Breton. Paris 1950

BONNET, MARGUERITE: Les Critiques de notre temps et Breton. Paris 1974
    André Breton. Naissance de l'aventure surréaliste. Paris 1975

BROWDER, CLIFFORD: André Breton. Arbiter of Surrealism. Genf 1967

CARROUGES, MICHEL: André Breton et les données fondamentales du surréalisme. Paris 1950

CAWS, MARY-ANN: André Breton. New York 1971

CRASTRE, VICTOR: André Breton. Paris 1952

DUITS, CHARLES: André Breton a-t-il dit passe. Paris 1969

GRACQ, JULIEN: André Breton. Quelques aspects de l'écrivain. Paris 1948 u. ö.

LEGRAND, GÉRARD: Breton en son temps. Paris 1976
    Breton. Paris 1977

MASSOT, PIERRE DE: André Breton le septembriseur. Paris 1967

MATTHEWS, J. H.: André Breton. New York 1976

MAURIAC, CLAUDE: André Breton. Paris 1949 u. ö.

PIERRE, JOSÉ: L'Aventure Surréaliste autour d'André Breton. Paris 1986

ROSEMONT, FRANKLIN: André Breton and the First Principles of Surrealism. London 1978

6. Spezialprobleme

ANEX, GEORGES: Le Langage d'André Breton. In: Études de lettre XXII (1950), 67, S. 1–10

BALAKIAN, ANNA: André Breton and his Admirers. In: Books Abroad XXV (1951), S. 237–238
    André Breton as Philosopher. In: Yale French Studies 31 (1964), S. 37–44
    Metaphor and Metamorphosis in Breton's Poetics. In: French Studies XIX (1965), S. 34–41
    Breton and Drugs. In: Yale French Studies 50 (1974), S. 96–107

BEAUJOUR, MICHEL: La poétique de l'automatisme chez André Breton. In: Poétique VII (1976), S. 116–123

BEAUVOIR, SIMONE DE: Breton ou la poésie. In: Le Deuxième Sexe I, Paris 1949, S. 355–364

BONNET, MARGUERITE: Le surréalisme d'André Breton: Un projet d'existence. In: Information littéraire XXIII (1971), S. 24–29

BROWN, FREDERICK: Creation versus literature. Breton and the surrealist movement. In: Modern French criticism. From Proust and Valéry to structuralism. Ed. J. K. SIMON. Chicago 1972. S. 123–147

BRUNO, JEAN: André Breton et la magie quotidienne. In: Revue métapsychique (Janvier/Février 1954), S. 97–121

CARROUGES, MICHEL: Les Pouvoirs de la femme selon Nerval et Breton. In: Cahiers du Sud 292 (1948), S. 419–429

CAWS, MARY-ANN: The «réalisme ouvert» of Bachelard and Breton. In: French Review XXXVII (1964), S. 302–311

CELLIER, LÉON: Breton et Nerval. In: Cahiers du 20ᵉ siècle 4 (1975), S. 49–64

CHARPY (Mme): André Breton et la dialectique. In: La Dialectique: actes du 14ᵉ congrès des sociétés de philosophie de langue française. Paris 1969. S. 63–67

CHÉNIEUX, JACQUELINE: Pour une imagination pratique. André Breton: «Il Y Aura Une Fois...» In: L'information littéraire 24 (1972), S. 230–236

CHESNEAU, ALBERT: André Breton et l'experimentation poétique. In: French Review XLII (1969), S. 371–379

ETHIER-BLAIS, JEAN: Borduas et Breton. In: Études françaises IV (1968), S. 369–382

FRAIGNEUX, MAURICE: André Breton et l'humanisme surréaliste. In: Littérature de l'homme. Bruxelles 1953. S. 49–66
André Breton et la portée de son œuvre. In: Revue générale belge CII (1966), S. 112–114

GERSHMAN, HERBERT S.: Valéry, Breton and Eluard on Poetry. In: French Review XXXVIII (1965), S. 332–336
Valéry and Breton. In: Yale French Studies 44 (1970), S. 199–206

GROS, LÉON-GABRIEL: André Breton ou la leçon du cristal. In: Cahiers du Sud 294 (1949), S. 299–308

HELL, HENRI: André Breton fidèle à lui-même. In: Fontaine 55 (1946), S. 435–442

HOUDEBINE, JEAN-LOUIS: André Breton et la double ascendance du signe. In: La Nouvelle Critique 31 (1970), S. 43–51

HUBERT, RENÉE RIESE: Miró and Breton. In: Yale French Studies 31 (1964), S. 52–59

JEAN-NESMY, DOM CLAUDE: André Breton et l'ambition surréaliste. In: Témoignages 14 (1947), S. 379–389

JULIEN, ANDRÉ: Mythique et mystique d'André Breton. In: Cheval de Troie 78 (1948), S. 1194–1197

LAFFITTE, MARYSE: L'image de la femme chez Breton. Contradictions et virtualités. In: Revue romane 11 (1976), S. 286–305

LENK, ELISABETH: Der springende Narziß. André Bretons poetischer Materialismus. München 1971

MORÃO, A.: André Breton ou a gnose da intuição poética. In: Brotéria LXXXIII (1966), S. 547–552

PLOCHER, HANSPETER: Vision und Wirklichkeit. André Breton als Interpret seiner Dichtung. In: Zeitschrift für französische Sprache und Literatur. Beiheft, N.F.H. 4 (1977), S. 143–159

RAILLARD, GEORGES: Breton en regard de Miró. Constellations. In: Littérature 17 (1975), S. 3–13

RIEDER, DOLLY SCHLAIN: The Image of Love in the Poetry of Apollinaire, Breton and Eluard. (Diss.) University of Pennsylvania 1967/68

ROBERT, BERNARD-PAUL: A propos d'André Breton. In: Revue de l'Université d'Ottawa 46 (1976), S. 128–144
Breton, Engels et le matérialisme dialectique. In: Revue de l'Université d'Ottawa 46 (1976), S. 293–308

SAYEGH, ALIA: The Concept and Role of Woman in the Works of André Breton. (Diss.) University of Pennsylvania 1974

SCHWARZ, ARTURO: André Breton, Leone Trotski: Storia di un'amicizia tra arte revolluzione. Rom 1974

SHERINGHAM, MICHAEL: From the labyrinth of language to the language of senses: The poetry of André Breton. In: Sensibility and creation. Studies in twentieth-century French poetry. London 1977. S. 72–102

Shohet, C.: L'Image dans l'œuvre d'André Breton. (Diss.) University of Sussex 1968/69

Soupault, Philippe: Le vrai André Breton. Liège 1966

Ungar, Steven: Sartre, Breton, and black Orpheus: vicissitudes of poetry and politics. In: L'esprit créateur 17 (1977), S. 3–18

Vogt, Ulrich: Le point noir. Politik und Mythos bei André Breton. Frankfurt a. M./ Bern 1982

Wise, Susan: La Nation de poésie chez André Breton et René Char. (Diss.) Aix-en-Provence 1968

Zeraffa, Michel: André Breton: l'art est enfin. In: Revue d'esthétique XIX (1965), S. 419–421

7. Zu einzelnen Werken

Albouy, Pierre: Signe et signal dans «Nadja». In: Europe 47 (1969), S. 234–239

Allen, Louis: Ode to Charles Fourier. In: Durham University Journal LXIII (1970/71), S. 77–79

Audejean, Christian: Les Champs magnétiques: Ralentir travaux. In: Esprit 388 (1970), S. 241–243

Bancquart, Marie-Claire: Lecture d'Arcane 17. In: Le Surréalisme dans le texte. Grenoble 1978. S. 281–292

Baranger, Henri: L'Immaculée Conception. In: Gazette médicale de la France (Mai 1931)

Bataille, Georges: Ode à Charles Fourier. In: Critique III (1947), S. 468–470

Cardinal, Roger: Nadja and Breton. In: University of Toronto Quarterly 41 (1972), S. 185–199

Crastre, Victor: André Breton, Trilogie surréaliste – Nadja, Les Vases communicants, L'Amour fou. Paris 1971

Gaulmier, Jean: Remarques sur le thème de Paris chez André Breton de «Nadja» à l' «Amour fou». In: Travaux de linguistique et de littérature (Universität Strasbourg) IX (1971), S. 150–169

Gibs, Sylvia: Les fonctions de la parenthèse dans ‹Nadja› d'André Breton. In: Recherches en sciences des textes. Hommage à Pierre Albouy. Grenoble 1977. S. 181–188

Guerre, Pierre: Arcane 17. In: Cahiers du Sud 280 (1946), S. 520–523
L'Art magique. In: Cahiers du Sud 342 (1957), S. 295–297

Henniger, Gerd: André Breton, Die Manifeste des Surrealismus. In: Neue Deutsche Hefte CXXII (1969), S. 204–208

Hubert, Renée Riese: The Coherence of Breton's «Nadja». In: Contemporary Literature X (1969), S. 241–252

Jean, Georges: Les poèmes d'André Breton. In: Le français aujourd'hui 28 (1974), S. 105–109

Jouanny, Robert: Nadja, André Breton. Analyse critique. Paris 1972

Kantarizis, Sylvia: Dada and Les Champs magnétiques. In: Essays in French Literature IV (1967), S. 67–79

Lynes, Carlos: Surrealism and the Novel: Breton's Nadja. In: French Studies XX (1966), S. 366–387

Martin, Claude: «Nadja» et le mieux-dire. In: Revue d'histoire littéraire de la France 72 (1972), S. 274–286

Matthews, J. H.: Désir et merveilleux dans ‹Nadja› d'André Breton. In: Symposium 27 (1973), S. 246–268
‹Le désir, qui ne se refuse rien› – ‹Les Vases Communicants› d'André Breton. In: Symposium 31 (1977), S. 212–230

Morel, Jean-Pierre: Aurélia, Gradiva, X: Psychoanalyse et poésie dans ‹Les Vases Communicants›. In: Revue de littérature comparée 46 (1972), S. 68–89

Navarri, Roger: ‹Nadja› ou l'écriture malheureuse. In: Europe 51 (1973), S. 186–195

Orenstein, Gloria Feman: Nadja Revisited: A Feminist Approach. In: Dada/Surrealism 8 (1978), S. 91–106

PABST, WALTER: André Breton, ‹Saisons› (Breton/Soupault: ‹Les Champs Magnétiques›
2). In: Die moderne französische Lyrik und ihre Interpretationen. Berlin 1976.
S. 140–160

PRINCE, GERALD: La fonction métanarrative dans ‹Nadja›. In: The French review 49
(1976), S. 342–346

SOMVILLE, LÉON: Les Champs magnétiques. In: Études littéraires (1968), S. 442–445

STEINWACHS, GISELA: Mythologie des Surrealismus oder die Rückverwandlung von Kultur in Natur. Eine strukturale Analyse von Bretons Nadja. Neuwied/Berlin 1971
Die unbefleckte Empfängnis. Eine Studie. In: Breton/Éluard, Die unbefleckte Empfängnis. München 1974. S. 151–195

WAGNER, NICOLAS: Nadja, Ville de l'angoisse. In: Travaux de linguistique et de littérature (Universität Strasbourg) XIV (1976), S. 221–228

WYLIE, HAROLD: Breton, Schizophrenia and ‹Nadja›. In: The French review 43 (1970),
Special Issue 1, S. 100–106

8. Zum Surrealismus

ALQUIÉ, FERDINAND: Philosophie du surréalisme. Paris 1956, 1977

BALAKIAN, ANNA: Surrealism, the Road to the Absolute. New York 1953 u. ö.

BARCK, KARLHEINZ: Surrealismus in Paris 1919–1939. Ein Lesebuch. Leipzig 1986

BÜRGER, PETER (Hg.): Surrealismus (= Wege der Forschung CDLXXIII). Darmstadt
1982

GAUTHIER, XAVIÈRE: Surréalisme et sexualité. Paris 1971

JEAN, MARCEL: Geschichte des Surrealismus. Köln 1959

NADEAU, MAURICE: Histoire du surréalisme. Paris 1945 (deutsch: Geschichte des Surrealismus. Reinbek 1965 u. ö.)
Documents surréalistes. Paris 1948

SHAKED, ZORA: Ästhetik und Kunsttheorie des Surrealismus. (Diss.) Wien 1962

SIEPE, HANS T. [u. a.]: Surrealismus. Fünf Erkundungen. Essen 1987

WALDBERG, PATRICK: Der Surrealismus. Köln 1965 u. ö.

WYSS, DIETER: Der Surrealismus. Heidelberg 1950, 1978

9. Zeitschriften-Sondernummern

Documents 34 (1934): Intervention surréaliste
Cahiers d'Art (5/6, 1935)
Cahiers d'Art (1/2, 1936)
Les Quatre Vents (4, 1946): L'évidence surréaliste
Les Quatre Vents (8, 1947): Le langage surréaliste
Yale French Studies (2, 1948)
Times Literary Supplement (28. 7. 1950): The Surrealist Movement
Yale French Studies (31, 1964)
Cahiers du Sud (390/91, 1966)
La Nouvelle Revue Française (172, 1967): André Breton (1896–1966) et le mouvement
surréaliste
Europe (475/76, 1968)
Opus International (19/20, 1970): Surréalisme international
Change (7, 1970): Le groupe, la rupture
Tel Quel (46, 1971)
La Quinzaine Littéraire (114, 1971): André Breton et le surréalisme aujourd'hui

Namenregister

Die kursiv gesetzten Zahlen bezeichnen die Abbildungen

Über den Autor

Dr. Volker Zotz, geboren 1956, Studium der Geschichte, Kunstgeschichte und Philosophie. Promotion mit einer Abhandlung über die Rezeption des Buddhismus in der Kulturgeschichte des deutschen Sprachraums. Lebt in Wien und arbeitet in Forschungsprojekten. Neben Fachartikeln und Übersetzungen u. a. folgende Buchveröffentlichungen: «Maitreya», Hann.Münden 1984; «Freiheit und Glück. Buddhas Lehren», München 1987.

Quellennachweis der Abbildungen

Bibliothèque Nationale, Paris: 6, 16, 50
Aus: José Pierre, L'Aventure Surréaliste Autour d'André Breton, Paris 1986: 12, 13, 52, 62/63, 77, 104, 107
E. Breton: 15, 30, 86
Louvre, Paris: 17
Roger-Viollet, Paris: 18, 23, 31, 70
VG Bild-Kunst, Bonn, 1989: 22, 33 (Succession H. Matisse, 1989), 54, 56/57, 102, 110o. (Demart pro arte, 1989), 110u., 112, 120
Bildarchiv Preußischer Kulturbesitz, Berlin: 24, 67, 125
Documentation Musée Rimbaud Charleville-Mézieres: 26
Perrin: 27
Éditions du Seuil, Paris: 29, 106
D. Haddad: 34, 50/51
Aus: Serge Fauchereau, Philippe Soupault. Voyageur Magnétique, Paris 1989: 38, 40
Schiller-Nationalmuseum, Marbach: 43
Bibliothéque littéraire Jacques Doucet, Paris: 45, 72
Rowohlt Archiv: 46/47, 48
Neumann: 80
J. Lamba: 81, 98
Éditions Gallimard, Paris: 89
J. F. Aranda, Madrid: 95
Aus: Paris-Paris: 1937–1957: 101, 128, 132/133
Jean-Jacques Pauvert: 108
Aus: André Breton, Le Surréalisme et la Peinture, Paris 1965: 113
Daniel Ungemach-Bénédite, Asnières-sur-Seine: 115, 119
Bayerischer Rundfunk: 116
Encyclopédie du surréalisme – Éditions Somogy, Paris: 121
Privatbesitz, Berlin: 122/123
Privatbesitz, Frankfurt: 129
Pablo Volta: 134
Ullstein Bilderdienst, Berlin: 135